管理職が持つべき決断力

戦史の「韻」をつかめ

元国税庁長官
中原　広

産經新聞出版

はじめに

……「歴史は繰り返さないが、韻を踏む」マーク・トウェイン

本書の構成は、30の章それぞれで歴史上の出来事、逸話を紹介しています。これら出来事、逸話の中から、私のこれまでの官庁などでの勤務経験の中で見聞したことに照らして、皆様の気づきや決断のヒントになりそうな教訓を抽出し、それについて私なりの考え方をお示ししたつもりです。

私は、現在信金中央金庫という信用金庫の中央機関に勤務していますが、それ以前は、財務省・金融庁及びその前身の大蔵省に三十余年務めておりました。この間苦しく辛いこともありましたが、学ばせていただいたことは多く、貴重な見聞・経験をさせていただいたと思っております。特に、政治家や行政の責任ある地位にある人たちの重要な場面での決断を、間近に見せていただく機会を得ましたことは、いわば官僚人生の醍醐味ではなかったかと思います。

そういう見聞・経験を振り返ってみますと、学校で習ったり啓蒙書で読んだりして頭の片隅に記憶されていた歴史上の逸話の中に、現在進行中の出来事に関して、問題の所在をつかんだり決断をしたりする上でのヒントがあるという感を強くいたします。そういう思いをこめて、皆様が様々な分野で課題に気づき決断をされる上でのご参考になればと考え、拙い文章を綴りました。

続いて、本書の書名「管理職が持つべき決断力～戦史の「韻」をつかめ～」に関して、三点ほどご説明したいと思います。

まず「管理職」についてです。本書が典型的な読者として想定しておりますのは、組織や地域、家庭などで何らかの指導的立場にある人、一言でいえばリーダーです。あるいは将来リーダーになる若い人です。しかし、リーダーと申しましても国の首相や大企業経営者を思い浮かべる人もいれば、少年野球のコーチを考える人もおられるでしょう。幅が広く、なかなかイメージがわきにくいと思いまして、書名におきましては、いわばリーダーの代表格として「管理職」を挙げさせていただきました。我が国の総人口約1億2千万人中労働力人口は約7千万人、そのうちサラリーマン（雇用者）は約6千万人です。日本人の多くがサラリーマンだということから、専らサラリーマン視点で「リーダー」≒「管理職」としたわけです。繰り返しになりますが、私が想定する読者は、上述のように、極めて幅広く考えております。広義の「リーダー」及びその予備軍であり、その代表格が会社の管理職です。そういう方々へ特にお伝えしたいことを、各章の「現代・将来のリーダーへの提言」という項目にまとめています。

次に「戦史」についてです。言うまでもなく、我々にヒントを与えてくれる歴史上の出来事や逸話は戦史に限られるものではありません。しかし、戦争という国家や民族の存亡を賭けた極限状況に関するものの方が、その緊迫感や深刻さからより端的にヒントを示してくれるような気がします。そのため、本書の30の章のうちの大半が広義の戦史並びにそこに登場する人物の逸話に題材を採っております。

三点目は「韻」についてですが、これに関しては、次のような箴言を紹介したいと思います。「歴史は繰り返さないが、韻を踏む（History doesn't repeat itself, but it often rhymes.）」。この言葉の意味するところは、歴史は全く同じことが繰り返すものではないが、詩歌が韻を踏むように、少しずつ形を変えて、類似する出来事が起こるということだと思います。（注）

これは米国の文豪マーク・トウェインの言葉とされています。出典を目にしたことがないので、もしかしたら本当は彼の言葉ではないのかもしれませんが、蓋し名言でありましょう。上述のように、私の中央官庁勤務時代の限られた見聞・経験の中でも、「韻を踏む」と感じたことは少なくありません。

読者の方もまた、本書が紹介する逸話と、分野やスケールは異なるかもしれませんが、「韻を踏んだ」出来事を見たり感じたりしたことがおありになるのではないでしょうか。これからも、国際政治やグローバルなビジネスは勿論のこと、我々の日々の仕事や身近な出来事の中にも何かしら「韻」を踏むものが繰り返し起こるのではないかと思います。

詩歌で韻を踏んだ句が頭に残るように、本書で紹介する逸話の中から何かしら気づきや決断のヒントを得て、頭のどこかに留めていただければと思います。そして、それが多少ともお役に立てば幸甚です。

（注）「韻を踏む」とは、古今東西の詩や歌詞で使われる技法で、大雑把に言えば、同韻の字句（同じ母音を持つ言葉）を詩の特定の場所（例えば漢詩の七言絶句であれば、第一句末と偶数句末）に使うこと。これにより、同じ音の響きの繰り返しで文章にリズム感が与えられるとともに、次に来るべき句末音をひそかに予想させる効果がある。

例えば、五言絶句である李白の「早發白帝城　早《つと》に白帝城《はくていじょう》を発す」では、

朝辭白帝彩雲間　朝《あした》に白帝を辞す　彩雲の間
千里江陵一日還　千里の江陵　一日にして還る
兩岸猿声啼不住　両岸の猿声　啼きて住《や》まざるに
輕舟已過萬重山　軽舟　已《すで》に過ぐ　万重《ばんちょう》の山

第一句末、第二句末、第四句末の「間」、「還」、「山」が韻を踏んでいる。

英語における押韻については、筆者は全く無知であって言及する資格が皆無だが、我が家の子供たちが小さい頃に歌っていた「きらきら星」の英語の歌詞を見ると

Twinkle, twinkle, little star,
How I wonder what you are!
Up above the world so high,
Like a diamond in the sky.

であり、starとare、highとskyが韻（脚韻end rhyme）を踏んでいる。

目次

【装幀・本文組版】 星島正明

1　ナポレオンの限界

……常勝ナポレオンは何故勝てなくなったのか

〔英雄ナポレオン〕

フランスの英雄ナポレオンは、弱冠二十代で歴史の舞台に登場してから、旭日昇天の勢いで欧州を席捲し、35歳でフランス皇帝まで登り詰めた。

１７８５年16歳で砲兵少尉に任官後、１７９３年大尉として英軍占領下のツーロン攻囲戦に出征した。砲兵隊を率いて大活躍し、一躍陸軍少将に栄進する。27歳でイタリア方面軍司令官になると、同地を勢力下に置くオーストリアに大勝する。エジプト遠征では、ピラミッドの戦いでオスマン軍に勝利したものの、海軍がアブキール湾の海戦で英海軍に敗れたため失敗してしまう。しかし、帰国後クーデターによりフランスの実権を握ると、オーストリア、プロイセン、ロシア等各国に連戦連勝し、英国を除くほぼ全欧州を勢力下に収めた。この間国会の議決と国民投票を経て１８０４年12月に皇帝の地位に就いた。

しかし、１８０８年のスペインでの半島戦争の敗北以降は思うように勝利を収められなくなり、1812年のモスクワ遠征に失敗してからは対仏同盟各国に抗いきれなくなった。1814年4月ナポレオンは退位させられエルバ島に追放された。翌年エルベ島を脱出したナポレオンは一旦復位したが、連合国との戦争となり、初戦は勝利したものの1815年のワーテルローの戦いに敗れ、ナポレオンの「百日天下」は幕を閉じた。投降したナポレオンはセントヘレナ島に流され、1821年51歳で同島に没した。

〔命令戦法の威力と限界〕

ナポレオンは、革命後国民皆兵となったフランス軍の特性を踏まえ、軍事全般にわたり一大革新をなした。例えば、歩兵の散兵・突撃縦隊戦術（注）の採用、歩兵・騎兵・砲兵など複数兵種からなる戦略単位としての師団及び複数師団からなる軍団の編成、食料の現地徴発による迅速な機動、多方面から来襲する敵に対する各個撃破戦法、有力な予備隊を控置して適時に戦場の重点に投入する戦法などである。このほか野砲の標準化・軽量化による砲兵の機動的運用、出身階級・年功によらない抜擢人事など彼の改革は枚挙に暇ないが、ここではナポレオンの戦法の中でも最も革新的と思われる、スタッフ（参謀）を活用した命令戦法に注目したい。

陸軍参謀出身の評論家大橋武夫は、著書『兵法 ナポレオン』（マネジメント社）で、「ナポレオンは命令戦法で勝ち、訓令戦法に敗れた」旨を指摘した。同書によれば、受令者の任務だけを示すものが「号令」、発令者の意図と受令者の任務を示したものが「命令」、発令者の意図だけを示し実行方法は受令者に一任するのが「訓令」である。ナポレオン以前のヨーロッパの将軍たちはスタッフを持たず、ライン編成の軍を主として直接の口頭号令で動かしていた。これに対しナポレオンは、自軍をライン・スタッフ編成にした。スタッフたる参謀に口述筆記による詳細な命令を託し、騎馬で各ラインに伝達させて、広域に展開する大軍を自由自在に操った。そして兵力で勝る敵が包囲を図って多方面から進撃してくるのを、敵の合流・集結前に巧みな機動で局所優勢の状況を作り出し、次々に各個撃破した。命令戦法を最大限活用して連戦連勝したのである。

しかし、ナポレオンの天才的な命令が伝達されるのは、電信電話のない当時では騎馬参謀が駆けていける数十キロの範囲であった。また命令で統制できる部隊の規模についても、前掲書は、命令で動かせるのは近代軍隊ではせいぜい10万人台までとする。モスクワ遠征ではナポレオン軍は45万人にも達し、数百キロにわたって展開していた。

命令戦法で欧州を制覇したナポレオンであったが、戦場の範囲と軍の規模が命令による統帥の範囲を超え、訓令戦法を必要とする時代に変わっていることを察知できなかったのだ。命令により部将の行動を強く統制する彼の手法は、部将の臨機応変の対応を阻害した。「予の赴くところ必ず勝つ」というナポレオン神話は、いつしか「ナポレオンの命令の届かないところ必ず負ける」状況に転じていたのである。

〔部下に権限を委ねる訓令戦法の勝利〕

他方、対仏同盟軍の側では、プロイセンがフランスに倣って軍制を改革し、従来の傭兵制に代えて国民皆兵制を採った。また、参謀本部を創設し、参謀達はナポレオンの戦法を研究するとともに、参加兵力の増大と戦場の拡大という新しい事態に対応して、「戦略兵団組織による訓令戦法」を開発した。訓令戦法に基づき、同盟軍側は各方面の軍を、独立して作戦する能力と権限を持つ戦略兵団に編成した。そして、「各軍はナポレオン本軍を目指して進撃し、軽く戦ったら退却して捕捉されないようにする。その間他の軍はナポレオン本軍の側背を突き、攻められたら逃げる」という行動を繰り返す作戦を採った。ヒット・エンド・ラン作戦でフランス軍の消耗を待ち、機を見て総攻撃することとしたのである。具体的な進退攻防を各軍の判断に委ねる同盟軍の訓令戦法は、ナポレオンの命令戦法を圧倒した。師団・軍団制を先駆けて導入したナポレオンであったが、自分の天才を恃むがゆえに中央集権的な指揮にこだわり、師団や軍団に大幅に権限移譲する訓令戦法の発想には至らなかったのである。

現代の企業においても、組織の規模が小さく業務の範囲が限られているうちは、上述の号令方式でトップが直接担当者を指示すれば足りるかもしれない。規模が大きくなり、業務が複雑化すれば、中間管理者やスタッフを介してトップの意図と受令者の任務を浸透させる命令方式にしなければ、思うように組織は動かないだろう。さらに規模拡大と業務の複雑化・専門化が進めば、トップは意図を示すことに力点を置き、実行方法は部門の責任者に委ねる訓令方式を取り入れる必要があろうし、トップの意図の実現を託すべき部門の責任者たる人材の育成・確保も必要だろう。

もう一つ着目すべきは、ナポレオンの統帥の機能不全は、軍事の天才にして精力的勉強家の彼にしても、気づかぬうちに生じたという点である。思うように勝てない、どこかに機能不全があると気づいてからも、その原因がわからなかった。成功体験に眩惑されたのか。自らの才を恃み過ぎたのか。我々も心せねばならない。

〔現代・将来のリーダーへの提言〕

①統帥や経営の機能不全は気づかぬうちに生じ、気づいてからもなかなか原因がわからない。機能不全の兆しがないか不断のチェックが必要である。もしその兆しがあれば、徹底検証して原因を追究しなければならない。ナポレオンの統帥の機能不全の根本原因は、成功体験への拘泥や自信過剰であった。順調な時ほど注意しなければならない。

②組織や事業が大きくなれば、訓令方式を取り入れる必要がある。その場合トップの役割は、執行の責任者に正しい意図を正確に伝えることと所要の経営資源を配分することである。トップが現場の執行面に過度に介入すると、ナポレオンの轍を踏むことになる。過度に介入すると、何でもトップの判断を仰ぎ指示を待つような組織体質になり、臨機応変の対応ができなくなる。命令や情報の授受は騎馬参謀ではなくデジタルで速やかに行うことができる時代ではあるが、トップが一定規模以上の組織のあらゆる情報を把握してすべてについて適時適切に指示することなど、所詮できるはずないのだ。

参考文献：前掲書のほか『戦闘技術の歴史4 ナポレオンの時代編』（ロバート・B・ブルース他著、創元社）、『ナポレオンの軍隊』（木元寛明著、潮書房光人新社）、『ナポレオンの戦場』（柘植久慶著、集英社文庫）

（注）ナポレオン以前の歩兵戦術は、2～3列の横隊で太鼓に合わせて敵陣に向かって行進し、敵前50m地点で停止して先込銃で一斉射撃を繰り返した後に、銃剣突撃するというものであった。他方ナポレオンは、一部の歩兵が主力の全面や側方に散開して物陰から射撃し、主力は突撃力の高い縦隊を基本とする散兵・突撃縦隊戦術を採った。散兵戦術は敵射の被害を抑えられる一方、指揮官が部隊を統制しにくく逃亡を招く恐れもあったが、国民皆兵のフランス軍は傭兵主体の各国軍に比べて士気が高かったから、これを採りえたのである。

2 趙括《ちょうかつ》の登用と失敗

……恵文王はなぜ周囲の諫止を聞かずに趙括を登用したのか

〔趙括の登用と重臣・母親の諫止〕

諸兄姉は、趙括《ちょうかつ》という人をご存じだろうか。中国の戦国時代、趙の恵文王に仕えた趙奢《ちょうしゃ》の子である。趙奢は、公平な収税吏として名を挙げ、軍人としても閼与《あつよ》の戦いで秦の軍勢を撃退した。完璧帰趙の故事で知られる藺相如《りんしょうじょ》（注1）、斉を伐った将軍の廉頗《れんぱ》（注2）と並ぶ趙の重臣として活躍した人物である。（以下『史記』の「廉頗藺相如列伝」による）

恵文王の次の孝成王の時、秦と趙の軍は長平《ちょうへい》で対峙した。趙奢は既に亡く、藺相如は重病の床にあった。趙は廉頗に秦軍を攻めさせたが、秦軍は優勢で廉頗は幾度か敗れた。しかし、廉頗は堅守して秦軍の挑発に応じなかったので秦は焦り始めた。そこで秦は趙王に間者を送り込んで「秦が憂慮しているのは、趙括が大将となることだけだ」と吹き込んだ。これを信じた趙王は、廉頗に代えて趙括を大将とした。藺相如は病を押して王に面会して「王は評判だけで趙括を登用されますが、あれは琴柱《ことじ》を膠《にかわ》づけにして瑟《しつ》（琴に似た古代中国の弦楽器）を弾ずるようなものです（琴柱を固定すれば音調を変化させることができないことから、融通の利かないことのたとえ）。趙括は父の書物を習い覚えただけで、実戦での臨機応変の対応ができません」と諫めたが、趙王は聞き入れなかった。

趙括は幼少より兵法を学び、天下にかなうものはないと自負していた。父の趙奢と軍略を論ずると趙奢も言いまかせないほどだったが、趙奢は括の母に「戦いは生死の瀬戸際だ。それを括は無造作に言っている。…我が国がもし括を大将にすることがあれば、趙軍を破滅させるのは括に違いない」と言った。趙括が出陣するとき、括の母親は王に「括は大将とすべきではありません」と上書した。王が理由を尋ねると、「括の父には、自ら酒肴をすすめる部下が数十人もいて、友人のようにつきあう部下は数百人もいました。賞賜《しょうし》された品々は残らず部下に与え、出陣の命令を受けた日からは家事を顧みませんでした。このたび括が大将となると、あるじとして皆に会い、頭を上げる者もいません。王から下賜された金帛は持ち帰って貯え、利益になりそうな田宅を毎日探し回って購入しています。…父とこれほど心の持ちようが違っております。括を大将として遣わさないでください」と答えた。王は言った。「もう決めたのだ」。括の母は「王がどうしても括を大将として遣わすのであれば、仮にお心にかなわぬ事があっても、私が罪に連座しないで済むようにしてくださいますか」と言い、王は承諾した。

〔趙括の敗戦〕

趙括は廉頗に代わると、軍令を全て改め、軍吏の配置を変えた。秦の大将白起はこれを聞くや、直ちに仕掛けた。敗走するように見せかけ、趙軍がこれを追撃しようと軍勢が伸びきった所を伏兵で分断して包囲し、趙軍の糧道を断った。趙の士卒の心は離れて統率は乱れ、四十余日の包囲により趙軍は餓え疲弊した。趙括はわずかに残った健兵を自ら率いて斬り込んだが、秦軍に射殺された。趙括の軍は敗れて数十万の兵が降伏し、秦はこれを少年240名以外悉く穴埋めにして殺した。趙は前後を合わせて45万の兵を失い、国勢は衰えた。趙王は約束があるので、趙括の母親に誅罰《ちゅうばつ》を加えなかった。翌年、秦軍は趙都邯鄲《かんたん》を包囲した。一年余にして、邯鄲は陥落寸前となったが、楚や魏の諸侯の来援によって何とか包囲を解くことができた。

〔故事から学ぶべきこと〕

この逸話から何を学ぶべきか。趙活の兵法すなわち「紙上に兵を談ずる」こと（机上の空論をもてあそぶこと）の愚かしさか。それもあろう。藺相如が指摘した実戦における臨機応変の重要性だろうか。それも然り。テクノロジーが指数関数的に進化する現代においては、臨機応変の対応は何より重要だ。

筆者の場合、この話を読んでまず思ったのは、藺相如や趙括の母親の反対にもかかわらず、趙王はなぜ趙括を起用したのか、あるいは交代させなかったのかということであった。『史記』には秦の間者の言を信じたとしか記述がないが、間者がよほど優秀だったのだろうか。それとも藺相如や趙括の母の指摘がもっともな故に、王はかえって意固地になったのだろうか。

諸兄姉は、真偽の程がいささか怪しげな話を、日頃尊敬する大幹部が正しいものと信じ込んでいるという場面に遭遇したことはないだろうか。幹部たるもの、判断を部下任せにしてはならないし、幹部レベルでの情報収集が重要であることは言を俟《ま》たない。しかし、私の取るに足らぬ経験から勝手なことを言わせていただくと、およそ人は地位が上がるほど、部下からの情報よりも自らが部外の人から直接に聞いた話を重視しがちになるように思う。筆者の愚見が当を得ているかはともかく、上位者が得た情報を下位者が疑ってかかることは難しい。上位者は、自ら直に得た情報についてこそ、部下の上げてくる情報以上にしっかり裏をとるとともに、その情報から導く結論が合理的なものか、論理立って検討するよう心掛けることが大切であろう。

それからもう一つ注目すべきは、趙括は将軍になると、廉頗の定めた軍令をことごとく改め、幹部人事を一新したという点である。優勢な秦軍に対して守勢に回ったとはいえ、廉頗は趙随一の名将である。当然趙の士卒は廉頗に心服していたであろう。人心が趙括から離れたのは、糧道を絶たれたからだけでなかった。

現代においても経営不振企業の経営者に外部人材が登用された場合など、前任者の方針や人事を必要以上に大幅転換することがある。人心一新のためあるいは市場の評価の観点から、荒療治を要する場合もあることは勿論である。しかし、前任者の人となりをよく見極めずに、足元の業績だけで判断して前任者の路線を全面否定すると、趙括の轍を踏みかねない。心すべきであろう。

〔現代・将来のリーダーへの提言〕

①重要ポストの人事は組織の浮沈にかかわる重大事である。評判や一片の間接情報だけで判断するようなことがあってはならない。人材の評価・登用に当たっては、多角的な検討が重要である。

②前任者の方針や人事の全面変更は、前任者の人となりをよく見極めてからにすべきである。足下の業績が振るわなくとも、前任者が部下の信望を集めているような場合、人心一新のつもりが人心離反になってしまう。前任者への敬意が大切だ。

（注1）　強国秦の昭王は、和《か》氏の璧《へき》という趙の宝玉を入手したいと欲して、秦の15城との交換を趙に強要した。藺相如は璧を持って使《つかい》したが、秦王が城を渡す気がないのを見抜き、璧を無事に持ち帰った。「完璧」はこれに由来する。

（注２）「刎頸の交わり」とは、その友のためなら斬首されても悔いないほどの親しい交際のこと。藺相如が弁舌による功績だけで恵文王に重用されているのを、廉頗は面白くないと思い、相如に色々嫌がらせをした。相如は、二人が争えば大国秦に攻め滅ぼされてしまうと考え、廉頗の挑発にのらず争いを避けた。これを知った廉頗は恥じて謝罪し、以降二人は刎頸の交わりをなしたという。

3　慧眼の士、朝倉宗滴

……巧者の大将と申すは、一度「大事の後《おくれ》」に合いたるを申すべく候

〔戦国武将朝倉宗滴の述懐〕

小島直記の『逆境を愛する男たち』（新潮社）の中に、野村證券の奥村綱雄が昭和23年45歳で社長就任の折に、「電力の鬼」松永安左エ門に挨拶に行った際の話が出てくる。松永は73歳、戦時中の電力国家管理下で東邦電力社長を退いて以来の茶道三昧の生活から電力再編の表舞台に復帰する前年であった。松永は奥村に、「人間は三つの節を通らねば一人前ではない。その一つは浪人、その一つは闘病、その一つは投獄だ。君はそのどの一つも経験していない」と言った。意気軒高の奥村もシュンとなったという。

松永は16歳の時コレラで生死を彷徨い、32歳の時株式暴落で財産を失う。その後慶応の先輩の福沢桃介の縁で福博電気軌道（西鉄の前身の一つ）の設立・経営に携わるが、35歳の時、大阪市の収賄事件で小林一三とともに贈賄側として逮捕された。当時の法律では贈賄は罪に問われなかったのだが、収賄側をかばって白状しなかったので収監されたのだ。贈賄はしたのだか

ら、威張れる話では全くないが。

『日本史を動かした名言』（小和田哲夫著、青春出版社）という本に、戦国武将朝倉宗滴《そうてき》の「巧者《こうしゃ》の大将と申《もうす》は、一度大事の後《おくれ》に合《あい》たるを申すべく候《そうろう》、我々は一世之間勝合戦《かちいくさ》ばかりにて終におくれに合わず候間、年寄《としより》候へども、巧者にては有間敷候事《あるまじくそうろうこと》」という言が紹介されている。

宗滴は越前朝倉氏初代孝景の八男である。朝倉貞景以下三代の当主を補佐し、79歳で没するまで軍奉行《いくさぶぎょう》として当主の指揮権を代行して武名を轟かせ、越前一乗谷の繁栄を築いた。同書によれば「大事の後《おくれ》」とは大敗北のこと。つまり宗滴は、名将とは一度大敗北したことがある者をいうのであり、自分は勝ち戦ばかりで大敗北の経験がなかったので、名将にはなれなかったと言っているのだ。

同書はこの宗滴の言に関し、若き日の徳川家康が三方ヶ原の合戦で武田信玄に大敗北したことが、名将となる芽となったと指摘している。考えてみれば、源頼朝にしても伊豆挙兵初戦は成功したものの、続く石橋山合戦で惨敗し、山中を放浪して九死に一生を得ている。足利尊氏も豊島河原《てしまがわら》合戦では、新田義貞・北畠顕家に大敗して九州に落ちている。幕府の開祖3人は、いずれも「大事の後《おくれ》」を経験しているのだ。織田信長にしても朝倉攻めの最中に浅井長政が叛旗を翻した折には、金ケ崎城から必死の退却をして、殿《しんがり》を務めた豊臣秀吉や明智光秀の奮戦で辛くも逃れている。

かかる例を見ると「大事の後《おくれ》」の重みがわかる気がする。極限状況を乗り越えたときに、何かを会得し何かを吹っ切る。それができた者が「巧者の大将」になりうるということではなかろうか。松永安左エ門の話に通ずるものがある。

〔慧眼の士宗滴〕

宗滴の言は、「朝倉宗滴話記」として『続々群書類従』(国書刊行会)に収録されている。図書館で借りて拾い読みしてみた。

「武者は犬ともいへ、畜生ともいへ、勝事《かつ》が本にて候事」。これが宗滴話記中最も有名な一節である。戦国の武人である以上、何と言われようが勝って自分の家を守ることが大事で、名を惜しむのは二の次だと断言する。現代であれば、企業経営者は恰好のいい理念を語ることよりも、収益を上げて事業を持続させることこそが本来だということか。

主君の心得として、「内之者にはおぢられたるがわろく候、いかにも涙を流しいとをしまれたるが本にて候由…、左様に候はでは、大事之時身命を捨用に立難く候事《だいじのときにしんみょうをすつるよう》」と説く。部下には恐れられるよりも愛されよ、そうでないといざというときに命を捨てて働いてくれないぞというわけだ。今様に言えば従業員満足度とかエンゲージメントが大切というところだろうか。

人物月旦もある。「當代《とうだい》日本に國持《くにもち》の不器用、人つかひ下手の手本と申べき人は、土岐殿、大内殿、細川晴元三人也」、「日本に國持人つかひ上手よき手本と申べき人は、今川殿、甲斐武田殿、三好修理太夫殿、長尾殿、安藝毛利殿、織田上總介殿…」。「不器用、人つかひ下手」とされた美濃の守護土岐《とき》頼芸《よりあき》は寵臣斎藤道三に国を盗《と》られ、周防《すおう》・長門・石見《いわみ》・安芸・豊前《ぶぜん》・筑前の6か国の守護職を兼ねた大内義隆も重臣陶晴賢《すえはるかた》の謀反に遭って自害し、管領《かんれい》細川晴元は三好長慶に叛かれ没落した。

一方「よき手本」には、今川義元、武田信玄、三好長慶、上杉謙信（長尾景虎）と当時全盛の大名の名が並ぶが、次の毛利元就は、その時点では厳島合戦で陶晴賢を破る以前の小領主に過ぎなかった。織田信長は家督を継いで三年、尾張下四郡の支配権をようやく確立した段階であった。その時点で、宋滴は既に彼らに着目しているのだ。別の項で宗滴は情報の重要性を説き、重要な情報も金を使えば入手可能なのであって、世間の人が知らぬうちに名将は情報収集をしていると述べている。彼もそうしていたから、早くから元就や信長に着目できたのだろう。

宗滴は臨終に際して、命は惜しまないがあと三年生きたい、その理由は「織田上総介《かずさのすけ》方行く末を聞届度《ききとどけたく》念《ねんじ》望《のぞむ》計《ばかり》の事」と言い遺している。信長の今後を見たいからだというのだ。宗滴の死後3年の間で、信長は弟信勝を殺し、さらに尾張上四郡を支配していた織田伊勢守家を滅ぼして、尾張一国の支配権を得た。桶狭間で今川義元を討つのはその2年後であった。宗滴の慧眼には驚くほかない。

〔宗滴の名言に何を学ぶか〕

筆者のように「勝合戦《かちいくさ》」には縁がなく、かといって「大事の後《おくれ》」の経験もない凡人からすると、「勝合戦《いくさ》ばかりにて終《つい》におくれに合わず…」という宋滴の述懐は、少々自慢めいて聞こえてしまったのだが、上述の宗滴の慧眼ぶりに鑑みれば、虚心坦懐に受け止めるべき名言だろう。「大事の後《おくれ》」という宗滴の名言の、現代の経済人への含意は何か。まず、仕事で成功が続いても、自分はまだ「巧者の大将」の域に達していないと自戒し続けることが大切ということだろう。そして、もし周囲に「大事の後《おくれ》」を経験した人がいたら、かかる人こそは謹んで教えを乞うべき人物であり、刮目すべき人材であると知れということではなかろうか。

〔現代・将来のリーダーへの提言〕

逆境の経験こそが人間を大成させると心得るべきである。苦境にある時こそ、大成の機会という気構えで課題に立ち向かうべきであり、仮にそこで力及ばず一敗地に塗れたとしても、「大事の後《おくれ》」を経験できたと受け止め、「巧者の大将」となるべくまた立ち上がればよいのだ。

4　カエサルの名言

……およそ人は自分の望みを勝手に信じてしまう

〔多くの人は、自分が見たいと欲することしか見ていない〕

事実上のローマ帝国創始者であるユリウス・カエサルは、有能な軍人にして偉大な政治家であり、洒落者で色を好み「あらゆる女の男で、あらゆる男の女」とも評された魅力的人物だった。雄弁家・名文家でもある彼は、多くの名言を残している。

有名な「賽《さい》は投げられた」という言は、軍司令官として帰還時に兵を帯びての渡河が禁じられていたルビコン川を、軍を率いて渡りローマに進軍した時のものだ。「来た。見た。勝った」は、黒海近くでポントス王国軍を破った際に、元老院への報告で使われた言とされているが、『ローマ皇帝伝』（スエトニウス著、国原吉之助訳、岩波文庫）には、「ポントスの凱旋式には、行列の中の化粧担架にのせて三つの単語veni, vidi, vici（来たり、見たり、勝ちたり）を書いた立て札を、自分の前に運ばせた。…迅速に戦いを終えたことを強調したものである」とある。見事な政治的演出である。

カエサルには『ガリア戦記』と『内乱記』の二つの著作がある。前者はガリア遠征の功績を誇示するものであり、後者はポンペイウス派との内乱における自らの正当性を主張する意図のものだが、いずれも雄勁かつ簡潔にして要を得た名文として古来評価が高い。

ところで『ガリア戦記』(近山金次訳、岩波文庫)に、カエサルの副将サビーヌスがウェネリー族と戦う場面がある。守勢一方のサビーヌスを、敵も味方も臆病と非難した。サビーヌスは自軍中のガリア人の中から気の利いた者を選び、脱走兵を装って敵中に入らせ、「ローマ軍は怖気《おじけ》づいている。サビーヌスは他で苦戦中のカエサル救援のため撤退しようとしている」と告げさせた。食糧が欠乏してきたウェネリー族は、こんなうまい機会を逸してはならないとローマ軍を急襲したが、陣地を整えていたローマ軍はこれを散々に打ち破った。毛利元就が偽情報を流して陶晴賢の大軍を狭隘な厳島に誘い込んで殲滅した故事を思わせる話だが、それはともかく、カエサルは同書で、ウェネリー族が策略に陥ったことに関し、「およそ人は自分の望みを勝手に信じてしまう」と述べている。これは、今日「人は喜んで自己の望むものを信じるものだ」という表現で人口に膾炙している。

塩野七生の『ローマ人の物語』(新潮社)では、カエサル暗殺の章で「人間ならば誰にでも、すべてが見えるわけではない。多くの人は、自分が見たいと欲することしか見ていない」というカエサルの言が紹介されている。上記名言と同趣旨であろう。カエサル暗殺には、彼の側近

5人が加わっていた。彼らは、カエサルの終身独裁官への就任に、ローマ共和政（少数の貴族による相互牽制的な寡頭政）の危機を感じて暗殺に与《くみ》したのである。カエサルは、広大な属領を支配するローマの統治を都市国家時代の仕組みである共和政で行うのは無理と考え、事実上の帝政をめざしていた。これに関し塩野は、5人があくまで寡頭政を支持するのであれば、カエサルの政敵ポンペイウスが健在なうちにそちらに奔《はし》ることが合理的であったと指摘し、彼らが早くにカエサルの考えを理解できなかったことの説明として、この言を挙げている。

しかし、この名言はカエサル自身にも該当するのではないか。支持者や配下への利益供与を惜しまぬタイプの政治家でもあったカエサルは、十分優遇してきた側近たちが自分の暗殺に与するとは思わなかったのかもしれないが、陰謀の予兆や警告はあったに違いない。カエサルもまた、側近たちは自分の理想を共有しているという自分の望みを勝手に信じていたのである。

シェークスピアの『ジュリアス・シーザー』（松岡和子訳、ちくま文庫）の中で、元老院議員のシセロ（キケロ）が、シーザー（カエサル）暗殺前夜に暗殺者の一人キャスカに会う場面がある。キャスカが（共和政の危機を告げる凶兆として）種々の怪奇現象を見たと言うと、シセロは「じっさい奇妙なご時勢になったものだ。だが人間はものごとを自分本位に解釈し、本来の意味を遠ざけてしまいがちだ」と語る。これも銘記すべき箴言であろう。

〔20世紀以降にも有用なカエサルの名言〕

ここまで筆を進めて頭に浮かぶのは、第二次大戦で米軍が反攻を開始した1942年8月初め、日本海軍が飛行場建設中であったガダルカナル島（ガ島）に米海兵隊が上陸した時のことだ。当初大本営は、ガ島に上陸した敵兵力を海兵隊1個師団1・5万名とほぼ正確に判断していたが、第一次ソロモン海戦で敵艦隊を撃破すると、元々大局的な情勢判断として米軍の本格的反攻は43年以降と思い込んでいたこともあり、判断は楽観に傾き始めた（以下『戦史叢書』による）。折から、航空偵察した海軍参謀の「…若干の敵兵あるも、その動作は委縮して元気がなく、また海岸付近の舟艇は頻繁に航行しつつあるも、敵主力は既に撤退せるか、撤退せんとしつつある感じなり。…」との報告があり、大本営も現地司令部も敵は撤退の方向と考えた。他方一部の潜水艦からは、かなりの火砲と水陸両用戦車を持つ有力な敵の存在を認める旨の報告もあったが、これは重視されず、一木支隊2千4百名でガ島飛行場奪還可能との判断になった。8月18日晩先遣隊9百名で急ぎガ島に進出した一木支隊長は、「敵兵力は約2千、脱出に腐心」との情報から、敵が逃げることを心配して、第二梯団来着を待たず攻撃することを決心した。旭川で編成され精鋭を謳われた支隊は、対戦車の速射砲隊も帯同しない軽装備であったが、鎧袖一触の意気込みで前進した。8月21日未明、米軍陣地に壮烈な白兵突撃を敢行したが、予め陣地構築していた海兵隊第一師団の圧倒的兵力・火力の前に攻撃は失敗した。米軍の戦車を伴う反撃に支隊は全滅し、一木大佐は軍旗を奉焼して自決したという。

その後ガ島に兵力を逐次投入した日本軍の三次にわたる総攻撃はいずれも失敗した。ガ島攻防で日本軍は陸海空の戦力を大きく消耗し、太平洋の攻守は転換したのである。大本営や現地司令部は、カエサルやキケロの言を拳々服膺《けんけんふくよう》しておくべきであった。

現代はインターネットの急速な普及によって、誰もが情報を発信できる時代となり、一方で情報を選択的に摂取する時代となった。自分と思想や思考が合う情報、自分にとって耳障りのいい情報にしか接しないで生きることだってできる。偏った記事や一方的な主張も絶え間なく垂れ流され、フェイクニュースさえも飛び交っている。カエサルの名言が、現代の我々にも有用であることは言を俟たない。

ＳＮＳやＹｏｕ　Ｔｕｂｅなどには縁のないおかげで、フェイクニュースの心配はあまり切実でない筆者ではあるが、我が半生を振り返れば、現実の中から見たいと欲するものしか見ておらず、見たくないものは見ていなかったように思う。物事を万事自分に都合よく解釈してきた気がする。正しく見て正しく解釈していれば、あんな失敗、こんな失敗をしなかったのにと思う。省みて臍《ほぞ》を嚙むことばかりである。

〔現代・将来のリーダーへの提言〕

リーダーの性格は楽天的な方がいいが、現状認識や将来予測が楽観に過ぎれば、大惨事を招きかねない。人間は、主観的にこうあってほしいと望むことを、現にそうであるかのように勝手に思い込みがちだし、物事を自分本位に解釈しがちだ。リーダーは、常に自らの認識や予測にはそういうバイアスがかかっているという自覚をもって、意識的にそれを補正していくべきだ。

参考文献：前掲書の他『戦史叢書』（全１０２巻、防衛研修所戦史室編纂、朝雲新聞社。防衛省防衛研究所ホームページで閲覧可能）

5　蒙古襲来絵詞《えことば》にみるアニマル・スピリッツ

……恩賞へのあくなき意欲が鎌倉武士の勇敢さを生んだ

〔元寇の国難〕

福岡市の筥崎宮《はこざきぐう》は応神天皇を御祭神とする八幡宮であり、大分の宇佐神宮、京都府八幡市の石清水八幡宮とあわせて三大八幡宮と称される。その伏敵門と呼ばれる楼門には、「敵国降伏」の扁額が掲げられている。これは、蒙古軍が襲来してきた元寇の折に、「我が身を以て国難に代わらん」と祈願された亀山上皇（注）が奉納された御宸筆を、後に謹写拡大したものという。境内には蒙古軍船の碇石《いかり》があり、そのわきには元寇歌曲碑もある。「四百余州《しひゃくよしゅう》を挙《こぞ》る　十万余騎《じゅうまんよき》の敵　国難ここに見る　弘安4年の夏の頃」で始まる軍歌「元寇」の軽快なメロディをご存じの方も少なくないと思う。黒澤明監督の映画「一番美しく」にも登場する歌曲である。

元寇は、文永の役（文永11年、1274年晩秋）と弘安の役（弘安4年、1281年夏）の二度にわたる元の侵攻である。元は降伏従属した高麗と南宋の軍を従えて、対馬・壱岐を侵してから博多湾に押し寄せた。後に「胆甕《たんかめ》の如し」と詠われた執権北条時宗率いる鎌倉幕府は、九州周辺の武士を大宰府に集結させて備えていた。

文永の役では、元軍数万に上陸を許して海岸から十数キロ内陸の大宰府付近まで攻め込まれたが、日本側は勇戦して何とかこれを退けた。滞陣中嵐に遭遇した元軍は、海上補給の途絶を怖れて撤退したが、この文永の役で筥崎宮は焼失した。

弘安の役では、蒙古・高麗の東路軍4万と旧南宋の江南軍10万の計14万の大軍が来襲した。初め東路軍が博多湾に侵入したが、日本側は博多湾岸に予め築いていた防塁に拠って堅守した。上陸を断念した東路軍は志賀島《しかのしま》に陣を構えたが、日本軍の夜襲を受けて撤退し、江南軍と合流して伊万里湾の鷹島に移動した。これを日本側が攻撃するうちに台風が襲来し、元軍の軍船の多くが沈没・損傷した。ここに日本軍の総攻撃もあって、元の軍船の大半は海の藻屑となった。元軍幹部は残った船で逃走し、取り残された元軍は日本軍に討ち取られ、元寇は終結した。

〔竹崎季長の恩賞への執念〕

この文永・弘安の両役で活躍したのが、肥後の御家人竹崎季長《すえなが》である。彼は後年自らの武功を「蒙古襲来絵詞《えことば》」という絵巻にまとめさせた。そこに描かれている彼の底知れぬバイタリティには驚嘆するほかない。

文永の役では、姉婿と郎党わずか五騎で元の大軍に先駆けを敢行している。季長は所領訴訟に敗れて「無足の身」（知行地がない状況）であったから、一番駆けの功名を狙ったのだろう。当時軍功として評価されたのは、まず「一番駆け」と敵の首級を取る「分捕り」、そして名誉の戦死である「討死」、次いで「手傷」であった。季長は後続の味方を待つことなく、「弓箭《きゅうせん》の道、先を以て賞とす」と馬を走らせるが、雨のように射かけてくる元軍の矢を受けて負傷し、危ういところを後続の日本勢に辛くも助けられている。しかし、役後何故か一番駆けの戦功は認められなかった。

ここからが何とも逞《たく》しいのだが、季長は先駆けの軍功を認めて貰うべく、馬を売って旅費を工面して鎌倉に行き、幕府の実力者恩賞奉行安達泰盛に訴えるのである。必死の嘆願は聞き届けられて、恩賞として肥後国海東郷の地頭職に任ぜられ、また泰盛から馬を拝領する栄誉も得た。弘安の役でも数次にわたり勇戦した。同役の終盤、季長は敵の残兵の籠る鷹島に向かおうとするが、自分の船の到着が遅れて焦っていた。元軍の組織的集団戦法に対して日本側は個人戦であり、船の用意も自前だったのだ。そこへ肥後守護代安達盛宗の大船が通りかかったので、季長は、盛宗の手の者だと嘘をついて乗り込む。しかるにその大船の速力が遅いと見るや、今度は別の船に嘘をついて乗り込もうとするが、見破られてしまう。何とか拝み倒して身一つで便乗させてもらうと、鷹島で敵の船に斬り込み、敵兵の首級を挙げる功名を立てている。

軍歌「元寇」には「いでや進みて忠義に　鍛えし我が腕《かいな》　此処《ここ》ぞ国の為　日本刀を試しみ

ん」とあるが、この絵詞が教えるのは、鎌倉武士の並外れた勇敢さは、忠義・愛国以上に恩賞への執念からだということである。今様に言えば、アニマル・スピリッツ、すなわちリスクに怯むことなき野心的意欲だろう。

〔恩賞問題〕

幕府側としては、功績を正しく評価して恩賞で報いなければ、人心が離れてしまう。御恩がなければ奉公もない。安達泰盛はそれを理解していたから、文永の役での季長の武功を認め、季長はそれに感じて弘安の役ではさらなる活躍をした。しかし幕府手持ち所領に余裕はなく、文永の役の恩賞は全体としてはわずかであったため、不満が多かった。

恩賞の財源不足は、弘安の役後も同様であった。役後恩賞請求が殺到する中、弘安7年執権北条時宗が34歳で没した。後継の年少の執権貞時の外祖父として幕政を主導した泰盛は、弘安徳政と呼ばれる改革により幕府の求心力を回復しようとした。しかし、泰盛が代表する御家人層と北条得宗家《とくそう》(執権北条氏嫡流当主家)及び御内人《みうちびと》(北条氏直属の家臣)との対立が高まり、翌年の政変(霜月騒動)で泰盛一族は滅ぼされた。皮肉なことに、恩賞問題に取り組み恩賞の財源に悩んだ泰盛の一統の所領が、恩賞に充てられる結果となったのである。

その後、建武の中興、室町幕府、織田信長、豊臣秀吉と続く歴代政権も、恩賞問題には苦労した。恩賞として領地を与えなければ求心力を失うが、財源には限りがあるし、直轄地が減れば権力が揺らぐ。信長や秀吉は、領地に代えて金銀や茶器などを恩賞としたが、本質的解決にはならなかった。秀吉は朝鮮出兵で海外に領地を求めたが、失敗した。

徳川政権は、当初は関ヶ原合戦の西軍側大名や豊臣家の所領を恩賞にあてたが、大坂の陣以後戦争が無くなると、世嗣断絶と幕法違反を理由に多くの大名を改易・減封して直轄地を確保した。幕藩体制下の長期平和は、武士たちの思考や関心を武功による恩賞獲得から、幕府や主家への忠節による家の安泰に向わせた。鎌倉武士以来の強烈な上昇志向は影を潜め、現状維持・縮小均衡的な色彩が濃くなったのである。徳川３００年の太平の一方で、武士たちのひ弱さは幕末の国難時に顕在化した。

〔鎌倉武士たちの逞しさを取り戻すには〕

近年、日本人と日本企業のアニマル・スピリッツ不在が指摘されて久しい。「蒙古襲来絵詞」に見る鎌倉武士たちの逞しいアニマル・スピリッツを取り戻すにはどうすればよいのだろうか。

一つには、社会の仕組みを、果敢にチャレンジし努力して成果を出した人が報われるものにしていかなければならない。例えば、税制についていえば、課税対象所得として給与所得や事業所得など直接の勤労に由来する所得と、利子や配当あるいは相続財産など資産に由来する所得とを比べるのであれば、前者を優遇するべきであろう。
また、企業などの組織にあっても、活躍した人、成果を上げた人を正しく評価し、功績にふさわしい報酬を与えなければ、活力を維持することはできないであろう。それには報酬の財源確保が必要である。議論が循環するようだが、それには、経営者自身がリスクに怯むことなく新しい事業分野へ挑戦していくとともに、既往分野の事業を大胆に見直して高付加価値化することが重要であろう。それによらず、専らリストラだけで財源を生み出そうとすれば、幕末のひ弱な武士たちを生んだ歴史の轍を踏むことになるのではなかろうか。

〔現代・将来のリーダーへの提言〕

鎌倉武士の並外れた勇敢さは、恩賞への執念からだった。恩賞すなわち報酬で報いられなければ、リスクに怯むことなき野心的意欲は育たない。リーダーの仕事は、リスクを冒して成果を上げた人を正しく評価し、功績にふさわしい報酬を与えることにより、構成員の野心的意欲を高めることだ。同時に自らも挑戦をし続けることだ。それなくしては、組織の体質が現状維持・縮小均衡志向になってしまう。

（注）第90代亀山天皇は、皇子の後宇多天皇に譲位後も上皇として院政をしき、折からの元寇の際には、上皇として身をもって国難に殉ぜんとの祈願を伊勢神宮に捧げた。文永の役で炎上した筥崎宮社殿の再興にあたり亀山上皇は敵国降伏の宸筆を納めた。なお、文永の役の古戦場である福岡市東公園に、亀山上皇の立像がある（山崎朝雲作、明治37年完成）。

参考文献：『蒙古襲来と神風』（服部英雄著、中央公論新社）、『北条時宗』（川添昭二著、吉川弘文館）、『鎌倉びとの声を聞く』（石井進著、日本放送出版協会）

6　初瀬八島の例あり

……過去の成功体験に幻惑されて喪失した虎の子の戦艦

〔成功体験の裏に潜むリスク〕

日露戦争中の日本海軍といえば、露国バルチック艦隊に大勝利した日本海海戦をはじめ、露国旅順艦隊のウラジオストックへの脱出を阻止した黄海海戦、露国ウラジオ艦隊を撃破した蔚山沖海戦など連戦連勝だったように思いがちだ。しかし、黄海海戦などは薄氷の勝利であったし、一日にして主力戦艦2隻と巡洋艦1隻を失う大厄の日もあった（以下『日露旅順海戦史』（真鍋重忠著、吉川弘文館）による）。この大厄日は１９０４年（明治37年）５月15日であった。

これに先立つ4月13日、旅順港沖で露国旅順艦隊旗艦戦艦「ペトロパブロフスク」が日本海軍の機雷に触れて爆沈し、同艦隊マカロフ司令長官が戦死した。同長官着任以来、露国艦隊はスタルク前長官の港内籠城策から転じて、要塞砲の援護の下に決戦を挑もうと度々出撃するようになっていた。ところが、同艦隊が要塞砲の射程に合わせて一定の行動経路を辿ることに気づいた日本側が、その経路に機雷を沈置したのであった。

一方日本艦隊は連日旅順港外を航行して港口を監視していたが、今度は露国側が、日本艦隊が要塞砲の射程の外側を一定の経路で航行することに着目し、5月14日、曇天に紛れて50個の機雷を敷設した。翌15日梨羽少将指揮の戦艦「初瀬」「敷島」「八島」、巡洋艦「笠置」、通報艦「竜田」が旅順港外を航行中の午前10時50分頃、「初瀬」「八島」が相次いで触雷し爆発した。「初瀬」は曳航中に再度触雷し、火薬庫が爆発して瞬時に沈没し、「八島」も排水に努めたが沈没した。日本海軍は当時6隻保有していた戦艦中2隻を一日にして失ったのである。

また、これより前の同日1時40分頃、日清戦争で活躍した二等巡洋艦「吉野」は、旅順港監視からの帰航途中、濃霧の中で一等巡洋艦「春日」(＊)に追突された。「春日」の衝角(当時の軍艦が体当たり用に艦首の水面下に装備していた角《つの》)が「吉野」の左舷艦尾に大破孔を開け、浸水により「吉野」は沈没した。

「初瀬」「八島」の触雷沈没は、同一の作戦行動を漫然と繰り返したため起きた。連合艦隊司令部でも一部参謀から同一経路を辿ることの危険が指摘され、経路を変更する矢先だったというが、その指摘を深刻に受け止めて即時に対応していたならば、大厄は避けられた。

〔冷静な観察者の警告〕

時は巡って1942年(昭和17年)11月、ガダルカナル攻防戦時、昭和天皇から永野海軍軍令部総長に対し「日露戦争に於いても旅順の攻撃に際し初瀬八島の例あり、注意を要す」とのお言葉があった（『戦藻録』宇垣纒著、PHPエディターズ・グループ）。

ガ島では、同年9月川口清健少将率いる川口支隊（第35旅団基幹）の総攻撃が失敗し、大本営は第2師団を投入することとした。その輸送援護のため、高速戦艦「金剛」「榛名」が危険を冒して夜間同島沖に突入し、36センチ主砲で敵飛行場を砲撃して大戦果を挙げた。しかし第2師団の輸送・揚陸は、米軍の残存航空機の攻撃で損害を受け、それもあって同師団の総攻撃は失敗した。

日本側はさらに第38師団を増援することとし、飛行場事前制圧のため高速戦艦「比叡」「霧島」による再度の夜間砲撃を企画した。その上奏を受けた天皇は、同一作戦を繰り返して「初瀬」や「八島」のようなことがないかと危惧したのである。しかし軍令部は、天皇の警告を深刻に受け止めず、「電報するに至らざるを以て伝えよ」と現地への伝達を電報によらず出張者に託した。そのため、天皇の警告は「比叡」「霧島」の出撃に間に合わなかった。

天皇の警告が伝わらないまま出撃した日本艦隊は、11月12日夜陸上砲撃寸前に米国の重巡洋艦部隊の迎撃を受け、会敵を予期していなかった両戦艦は陸上砲撃用の焼夷弾のまま射撃したものの、艦船攻撃用の徹甲弾でないため威力を欠いた。「比叡」は奮戦したが満身に敵弾を浴び、翌日自沈のやむなきに至った。なおも飛行場砲撃を意図する連合艦隊司令部は、「霧島」

と重巡洋艦部隊に再度の突入を命じたが、翌々日夜半40センチ主砲装備の新型戦艦2隻を基幹とする米艦隊の迎撃を受けた。肉眼による夜間戦闘を永年錬磨してきた日本海軍であったが、砲戦の威力に勝る上にレーダーによる索敵で待ち構えていた米側には分が悪く、米戦艦一隻に大損害を与えたものの、「霧島」は40センチ砲弾多数を被弾して遂に沈没した。冷静に戦況を観察していた天皇の警告を軽視した日本海軍は、敗れるべくして敗れた。日本海軍は、4隻保有していた貴重な高速戦艦中2隻を一挙に失ったのである。

〔戦艦喪失が教えるもの〕

翻って現代の企業や行政機関においても、過去の成功体験に幻惑されて漫然と同様な行動を繰り返して失敗を重ねたり、既定の方針や進行中の事業に固執して傷口を広げたりする例は少なくない。会計不正や検査不正の再三の発生、撤退や損切の時期の致命的遅れ、大規模なシステムトラブルの再発、甘い見通しに基づく再建計画の繰り返し…等々。

現代の企業において、例えば大株主から明らかな警告があったのにそれを軽視するようなことはまずないだろう。しかし、上述のような事例を後から検証してみると、実は社内の一部から事前に何らかの警告が発せられていたというようなケースが少なくなかったのではないかと思う。その警告はためらいがちなもので、気づきにくかったかもしれない。しかし、組織中枢としてそれに気づかなかったのであれば、小さな警報を拾い上げる工夫がなかったことを反省すべきだろう。もし気づきながら深刻にとらえていなかったとすれば、かつての日本海軍と同列に論じられても仕方ないだろう。

「初瀬」「八島」そして「比叡」「霧島」の例は、成功体験から漫然と同様な思考を繰り返すことに潜むリスクの恐ろしさと、冷静な観察者の危惧を重視することの大切さを教えてくれる。

〔現代・将来のリーダーへの提言〕

①組織のリーダーは、過去の成功体験の裏にはリスクが蓄積しているということをしっかりと頭に入れておくべきだ。まず「柳の下にいつも泥鰌はいない」ということを銘記しておかねばならない。一度成功したからといって次も必ず成功する保証などないのだ。また、人は失敗については原因を分析して反省するが、成功については、その裏に隠れた危機があったかもしれないのに、あまり分析や反省をしない。そして何よりも恐ろしいのは、成功が輝かしいものであればあるほど、慢心を生みがちだということだ。古人曰く「勝って、兜の緒を締めよ」と。（＊＊）

②リーダーたる者、常に耳を澄まして冷静な観察者の警告を聴くよう努めなければならない。上記の事例でいえば、おそらく海軍軍令部は天皇の警告を素人の過剰な心配と受け

止め、重視しなかったのではなかろうか。天皇の警告を即座に現場に電報していれば、2隻の高速戦艦を失わずに済んだかもしれない。

＊　日露戦争で大活躍した装甲巡洋艦「春日」と「日進」は、アルゼンチンがイタリアに発注して建造中だった2隻を日露開戦直前に購入したものである。露国と購入競争になったが、英国の斡旋とアルゼンチンの好意で日本が購入することを得た。この縁で、毎年5月27日の日本海海戦記念式典には在日アルゼンチン大使館海軍武官が招待されると聞いたことがある。余談ながら、30年近く前、筆者が大蔵省主計局で農水省予算を担当していた時、尊敬する農水省高官がアルゼンチンとの交渉事に関連して「『春日』と『日進』の恩があるからなあ」と呟かれていたのを覚えている。霞が関にそんな先輩がおられる時代であった。

＊＊　日露戦争後の1905年12月21日、日本海軍は戦時編成の連合艦隊を解散し、平時編成に戻した。その際連合艦隊司令長官東郷平八郎が訓示した「聯合艦隊解散之辞」は「古人曰ク勝ツテ兜ノ緒ヲ締メヨト」と締めくくられている。

7　逆艪《さかろ》論争
……意見具申をする側の配慮、受ける側の器量

〔源《みなもとのよしつね》　義経と梶原景時《かじわらかげとき》の逆艪論争〕

私はまだ訪れていないが、大阪市福島区に「逆艪《さかろ》の松址《あと》」の石碑があると聞く。かつて源平争乱時屋島の合戦を前に、この地の老松の下で、源氏の大将源《みなもとのよしつね》　義経と軍奉行《いくさぶぎょう》の梶原景時《かじわらかげとき》が逆艪《さかろ》論争をしたと伝えられている。

寿永2年（1183年）7月、木曽義仲《よしなか》に敗れた平氏は安徳帝を奉じて都落ちして、九州大宰府に向かった。在地勢力の攻撃を受け、落ち着くことができなかったが、やがて四国に迎えられ、讃岐国屋島に本拠を置くことを得た。翌年1月、鎌倉の源頼朝と義仲の間で争いが起き、宇治川の合戦で義仲は敗死する。その間に平氏は勢力を立て直して摂津国福原まで回復するが、一ノ谷の戦いで、頼朝の弟の範頼《のりより》・義経に大敗を喫した。平家方は再び屋島に本拠を置き、有力な水軍を擁して瀬戸内海の制海権を握り、勢力回復に努めていた。そこで、寿永4年（1185年）2月、義経率いる源氏軍は屋島に進攻することとなった。

『平家物語』によれば、屋島には海路からでなければ進攻できないのに、東国勢の源氏方は船に不慣れという事情があり、義経、景時以下幹部が集まって評議した。その際に景時が、「船を自在に操るために、船尾だけでなく船首にも艪（逆艪）をつけて、いずれの方向にも素早く旋回できるようしてはどうか」と提案した。これに対し義経は「合戦では退くまいと思っていても、形勢が悪くなれば退却してしまうものだ。逆艪をつけて予《あらかじ》め逃げ支度をしておくなど論外である。貴公の舟には逆艪を立てればよいが、自分は不要だ」と言い放った。これに景時は「進むを知って退くことを知らぬは猪武者である」と反駁し、義経は「猪鹿はどうだか知らんが、自分はひたすら攻めて勝つ」と返して、両者一触即発の状況になった。その場は一応収まったが、景時は遺恨を持ち、後の頼朝への讒言《ざんげん》につながったとされる。

以上の逸話が史実かどうかはさておき、逆艪で船の旋回性能を上げようという景時の主張自体は一定の合理性を有するものと考えてよいだろう。しかし、その提案は多数が出席する評議の場で行うべきではなかった。そうした場では、主将は何よりも軍勢の士気を気にするものだからである。まして義経の軍勢の多くは、兄頼朝からの借りものだ。求心力維持のためには、強気の姿勢が必要であった。逆艪論争後の船団出発時にも、義経は、強風で出発をためらう船頭や水夫たちを「早く船を出せ。出さないなら一人残らず射殺《いころ》す」と脅かして、出発を強行している。

他方義経の対応も景時の面子への配慮が足らず、将帥として器量に欠けるところがある。後に景時が義経を讒訴したとき、義経を擁護する有力御家人がいなかったことは、その傍証とも言えよう。いずれにせよ軍中にあって、合理的であるにせよ弱気と受け取られかねない意見を具申すること、そして士気を損なわずにそれを採ることは難しい。

〔インパール作戦をめぐる意見具申の時宜・場所柄〕

第二次大戦中の日本陸軍参謀本部において、意見具申の時宜・場所柄に関わる困難を象徴するような出来事があった。それは、ビルマ（現ミャンマー）・インド北部国境を越えてインドのインパール地区の攻略を図る、いわゆるインパール作戦をめぐるものであった（以下『戦史叢書』による）。

同作戦は、連合軍のインパール方面からの反攻の未然防止、蔣介石政府への援助ルートの遮断及びインド独立の志士チャンドラ・ボースの支援を目的として計画され、１９４４年（昭和19年）1月大本営が認可したものである。担当のビルマ方面軍隷下第15軍は同年3月に行動開始、4月にはインパール付近まで進出した。しかし補給が続かず、兵力、火力、物量で優勢な英印軍（英国統治時代のインド軍。英本国から派遣された部隊と、少数の英国人将校と多数のインド人志願兵からなるインド軍で構成された）に押し戻され、敗勢となった。7月にようやく中止されたが、参加兵力約9万名中、戦死者約3万名、戦傷病者約4万名といわれる悲惨な結果となった。

1944年4月下旬から5月上旬、参謀次長秦彦三郎中将は参謀本部幕僚を伴って南方各地を視察し、南方軍や同軍隷下の各方面軍等と意見交換した。(以下『戦史叢書』による。)5月初旬にビルマ方面軍を訪れた際、同方面軍から一行にインパール作戦に関する説明があった。説明は80~85%成功の見通しという楽観的なものだったが、次長一行は成功覚束なしとの印象を受けた。次長は帰京後、東條英機参謀総長(首相、陸相を兼務)以下参謀本部、陸軍省等の幹部を前に視察報告を行い、「インパール作戦の前途は極めて困難である」と結論した。これに対し総長から「戦《いくさ》は最後までやってみなければ判らぬ。そんな気の弱いことでどうするか」との強い発言があり、次長は黙した。

秦次長は戦後次のように述懐している。南方軍総参謀長やビルマ方面軍司令官と個別に会談した際、インパール作戦中止を打診したら否定しない感触であった。それを踏まえて総長に報告したところ叱責された。人々の前で口論するわけにもいかないので引き下がった。後刻総長と後宮淳《うしろくじゅん》次長と三人で話し合った際には、総長は頭を抱えていた。

総長も楽観していたわけでなく、叱責は部内の士気や求心力への影響を懸念してのことと想像されるが、作戦中止を訴えた次長が多数の前で総長から叱責されたことの影響は大きかったと思う。参謀本部、南方軍、方面軍、第十五軍の各段階で楽観論が勢いづき、作戦中止を口にするのは憚られる雰囲気が醸成されたであろうことは想像するに難くない。結局、作戦中止にはさらに2ヶ月を要し、悲惨な退却戦で多数の将兵を失うこととなった。

陸軍省軍事課長西浦進大佐は戦後、「多数列席の前で次長が悲観説を述べたのは場所柄甚だまずい発言と感じた。こういう意見は二、三の最高首脳のみで打ち合わせて慎重に事を進めるべきで、こういう席での発言はかえってことを反対に運ぶ」、「平素思慮周密な秦次長がどうしてこういう席であのような発言をしたのか不思議だった」との旨を回想している。

〔意見具申をする側の周到さと受ける側の器量〕

読者諸兄姉の中には、「重要なのは意見の中身であって発言の場や進め方ではないはずだ。そもそも意思決定は透明な方がよいではないか」というようなご感想を持たれる方も多いと思う。正にそのとおりなのだが、筆者の見るところ、昭和陸軍にとどまらず現代の組織にあっても、既定方針の大転換というような重大な意見具申の場合、発言の場や進め方が当該意見の採否に少なからず影響するのが現実である。意見具申する側には、場所柄、タイミング、言い方すべてに周到さが求められる。勿論、士気を落とさず、求心力を維持しつつ、正しい選択をタイムリーに行うためには、意見具申を受ける側の器量も重要であることは言を俟たない。

上記の秦次長の場合、事柄の深刻さのあまり場所柄にまで配慮する余裕がなかったのだろうが、総長・次長間で常日頃から腹蔵なく相談できる関係が構築されていれば、結果は変わっていたかもしれない。またもし東條総長が日露戦争時の大山巌ほどの威徳を備えていれば、部内の士気云々にとらわれすぎることなく、報告会では言葉を選んだ発言をして、速やかに適切な決定に進むことができたかもしれない。

いずれにせよ、重大な問題について合理的であるにせよ弱気と受け取られかねない意見を具申するには、部下の側に周到な配慮が必要であり、そして士気を損なわずにそれを採るにはトップの器量が求められる。

〔現代・将来のリーダーへの提言〕

既定方針の大転換というような重大な意見具申をすることは難しい。特に、弱気と受け取られかねない意見の具申は殊更に難しい。あなたが、そういう意見を具申しなければならない立場に置かれた場合には、場所柄、タイミング、言い方すべてに周到に配慮すべきだ。上記の例にあるように、意見具申の成否は、意見の内容だけでなく具申に当たっての周到さに左右されるからだ。

他方、そういう内容の意見の具申を受ける立場の時は、リーダーとしての器量が問われるわけだが、正しいけれども弱気に受け取られかねない意見を、求心力を維持しつつ適時に採用することは難事である。まずは部下との間で腹蔵なく相談できる関係を構築しておくことが重要だ。そういう関係があれば、いきなり多数列席の会議でそういうぎりぎりのやりとりをしなくて済むであろう。

8　アイゼンハワーの人間力

……平凡な男アイクはいかにして偉大なリーダーに大成したか

〔史上最大の作戦〕

若い世代にはピンとこないだろうが、「史上最大の作戦」（原題 The Longest Day、20世紀FOX）という戦争映画がある。第二次世界大戦における連合軍によるノルマンディ上陸作戦を題材にした大作である。クレジットで出演者名がアルファベット順となっているのは、ジョン・ウェイン、ロバート・ミッチャム、ヘンリー・フォンダはじめ錚々たる大スターが多数出演しているためと言われる。歌手のポール・アンカもレンジャー隊員役で出演しており、主題曲である口笛のマーチは彼の作曲である。この映画は1962年の公開であるから、私も当時観たわけではないが、主題曲は子供のころ運動会やら何やらで、ずいぶん耳にした。

作戦の規模が史上最大かどうかは議論の分かれるところであるが、ノルマンディ上陸作戦が第二次大戦におけるもっとも重要な作戦であったことは異論なかろう。ノルマンディ上陸作戦に始まる連合軍の欧州進攻を、連合国遠征軍最高司令官として指揮したのが、ドワイト・D・

アイゼンハワー、通称アイクである。

アイゼンハワーは家が貧しく、学資不要の陸軍士官学校に進んだが、フットボールに熱中し、卒業成績は164名中61番の平凡なものだった。陸軍少佐から中佐に昇進するのに16年を要し、せめて大佐で退官したいと漏らしていたというが、5年後大佐になると3年9ヶ月で元帥まで昇進した。戦後は米陸軍参謀総長、NATO軍最高司令官、コロンビア大学総長を歴任し、1953年から2期8年大統領を務めた。軍の規模が縮小し昇進が停滞しがちな戦間期から、戦時という軍の拡張期に移行したというタイミングも影響したかもしれないが、超大器晩成人生であったことは間違いない。

〔人間力を発揮したリーダー〕

彼のリーダーとしての偉大さはどこにあったのか。高級軍人としての構想力、判断力、実務能力は無論のことだが、最大の強みは、調整力さらに言えば人間力だったのではないかと思う。そして、適材適所にチームを構成する能力であろう。

ノルマンディ上陸作戦が多国籍かつ海・空・陸三軍合同の複雑な統合作戦であり、その後の進攻も同様であることを理解していた彼は、そのためのチーム作りとその円滑な運営に心を砕いた。米・英協調、空陸一体の観点から、最高司令官代理には英空軍のアーサー・テッダー大将を選び、上陸当日に揚陸と海空からの支援の複雑な統制を指揮する海軍最高司令官には英海軍のバートラム・ラムゼー大将をあてた。

高慢で自惚れの強い英陸軍のバーナード・モントゴメリー大将は、アイゼンハワー自身も含めて多くの米軍将官が嫌っていたが、アフリカでドイツの名将ロンメルに勝利した英国の英雄を外すことはしなかった。他方で地上部隊については、連合国遠征軍最高司令部の下に3つの集団を3人の集団長に指揮させ、モントゴメリーが切望していた連合軍陸軍最高司令官の地位は与えなかった。モントゴメリーの言動は部内にしばしば不協和音を招いたが、アイゼンハワーは「親愛なるモンティ」で始まりアイクと署名した手紙を送り、巧みに制御した。後年モントゴメリーは、アイゼンハワーを純然たる軍人としては評価できないとしつつ、軍人政治家としては偉大だと評したという。

アイゼンハワーは、気性が激しいパットンや英国人嫌いのブラッドリーなど米国人の野戦指揮官からも尊敬を得て、彼らを見事に統制した。パットンが43年夏のシチリア作戦で活躍後、入院中の戦争神経症の兵士を殴打する事件を起こすと一旦左遷したが、ノルマンディ上陸直後、軍司令官に復帰させた。パットンは独軍のお株を奪う電撃戦で進攻の立役者となった。

戦史家の児島襄はその著『指揮官』(児島襄戦史著作集10、文藝春秋)の中で、「組織の中で出世するコツは、順応性と適応性にある。部下であるときは上官の意図に順応し、上官になったときは部下に適応することである」というアイゼンハワーの言葉を紹介している。おそらく「順応性」には、フィリピンで気難しいマッカーサーに仕えた少佐時代に昇進が停滞した苦い思い出も多少込められていただろうが、「部下に適応する」という表現は正に彼の真骨頂ではないかと思う。

また、アイゼンハワーは、チャーチルやスターリン、ド・ゴールといった個性が強い各国の政治指導者たちに対しても持ち前の調整力を遺憾なく発揮し、良好な関係を維持しつつ、必要な主張は曲げなかった。東洋風に言えば「君子は和して同ぜず」ということだろう。ルーズベルトやチャーチルがその自己主張の強さから敬遠したド・ゴールでさえ、アイゼンハワーには敬意を払ったという。アイゼンハワーは、相手の心理や立場を理解する能力に抜群のものがあったのであろう。彼はポーカーの名手だったと言われている。

〔アイ・ライク・アイク〕

彼は、連合軍兵士の誰からも親しまれ、愛された。常に謙虚で楽天的。質素な軍服で、勲章は着けず、アイクスマイルを振りまく。コカ・コーラを愛飲し、ポーカー好き。多忙な中でも前線訪問を欠かさない。米兵の一般英国家庭訪問を奨励する一方、食糧難の英国市民に負担をかけぬよう携帯食料持参を指示する。そういった諸々のもの、天性のものもあったろうし努めて体得したものもあったろうが、それらが総合して、彼を愛されるリーダーにしたのだ。皆は、彼のためなら喜んで命がけで一肌脱ごうとした。

アイゼンハワーの回顧録によれば、コロンビア大総長時代、彼に大統領選出馬を求める全国からの手紙で総長室が埋まったという。選挙では、アイククラブという自発的応援団が活躍し、旧部下たちがアイ・ライク・アイクと叫んだ。

日本のリーダーでやや通ずるところがあるとすれば西郷隆盛であろうか。西南戦争時、薩軍方に参加した中津隊隊長の増田宗太郎は、薩軍の解散・城山籠城に際し、帰郷せず西郷に殉ずる途を選んだ。その理由を「一日（西郷）先生に接すれば、一日の愛生ず。三日接すれば三日の愛生ず。親愛日に加わり、去るべくもあらず。今は善も悪もなく、ただ死生をともにせんのみ」と語ったという。

〔コナーに育てられ、マーシャルに見出される〕

戦略論の権威野中郁次郎はその著『史上最大の決断』（ダイヤモンド社）の中で、アイゼンハワーについて「徒弟制で培われたその高い性格スキルと幅広い教養が、置かれた場所で精いっぱい努力する無限追求の職人道とあいまって、凡人を非凡人に変えた」と評している。野中いわく、性格スキルとは、具体的には、まじめに仕事に取り組む、他人とうまくやる、前向きに物事に取り組むといったことであり、これらは手本となる師から学び取るしかない。同書によれば、アイゼンハワーにはフォックス・コナーという師がいた。彼は30代前半に、パナマ駐在の第20旅団でコナー将軍に仕えた。コナーは彼の素質を見抜き、軍事学、戦史などの古典の読書を指導したという。因みにコナーは、ダグラス・マッカーサーやジョージ・マーシャルにも早くに着目している。

アイゼンハワーはマッカーサーにフィリピンで副官として仕えたが、尊大な上司とはしっくりいかなかった。彼が世に出ることを得たのは、マーシャルの抜擢によるところが大きい。コナーが天才と称したマーシャルも、マッカーサー参謀総長に嫌われて昇進が遅れた。しかし、マッカーサー総長の退任後、マーシャルは准将から3年で大将となり参謀総長に就いた。有能で責任感ある人材としてマーシャルに見出されたアイゼンハワーは、42年3月新設の参謀本部作戦部長に起用された。6月には地中海作戦戦域の連合国軍最高司令官に就任し、北アフリカやシチリアへの上陸作戦を指揮した。そして12月、新設の連合国遠征軍最高司令部司令官に就任した。これには当初マーシャルが予定されていたが、米本国に彼は欠かせないとして、アイゼンハワーが登用されたという。マーシャルは、戦後トルーマン政権で国務長官、国防長官を歴任し、欧州復興のマーシャル・プランを立案実行した。

〔現代・将来のリーダーへの提言〕

①周囲に好意を持たれる人間力と部下に適応する能力は、リーダーに不可欠なものであろう。特に複合的大組織を想定する場合には、速やかに部下の能力と個性をつかみ、適材適所にチームを構成し、チームを円滑に機能させる能力は、リーダー個人の構想力、判断力、事務処理能力以上に重要なように思う。では、どうすればそういう能力が身につくのか。理想は、アイゼンハワーのように偉大な先人の身近に師事して学び取ることだろうが、誰にもそういうチャンスがあるわけではない。しかし社内さらには世間を観察すれば、上述のような能力の少なくとも一部を備えた先輩はいるものだ。親しく指導を受けることは難しくとも、そうした人の立ち居振る舞いや発言、コミュニケーションの取り方などを、遠くからでも注意深く見てそれを真似ることが大切だと思う。

②大器晩成型の人材は、アイゼンハワーの例に限らず、見出す人がいなければ能力を発揮する場が得られない。我が国の多くの組織では、若くから才気を発揮した人材が一選抜組として本流を歩むことが多く、途中停滞した人材がその後大成して要職に就く機会は少ない。大器晩成型の人材には、落ち着いた判断力、和して同じない調整力、皆の信頼を集める人間的魅力などを備えている人が少なくない。こういう人材を見出すのもリー

ダーの務めである。

＊　本章の記述は、全般にわたり前掲『史上最大の決断』（野中郁次郎、荻野進介著、ダイヤモンド社）によるところが大きい。

9　日本の決断は「空気」によってなされる

……「空気」に克って論理と知性で決断するにはどうすればいいのか

〔「空気」で決定された戦艦「大和」の海上特攻出撃〕

以前「ＫＹ」という言葉が流行ったことがあった。「空気が読めない」の略語だったが、そこでいう「空気」とは、その場の参加者の暗黙の前提を意味すると思われる。読者諸兄姉にかれても、会議などで「空気」を意識されることは少なくないのではなかろうか。

我が国における「空気による支配」を指摘したのが、評論家の山本七平である。山本の代表作の一つ『「空気」の研究』（文藝春秋刊）の中に、「日本における『会議』なるものの実態」を説明した箇所がある。「…会議であることが決定される。そして散会する。各人は三々五々、飲み屋などに行く。そこで…『議場の空気』がなくなって『飲み屋の空気』になった状態でのフリートーキングがはじまる。そして『あの場の空気では、ああ言わざるをえなかったのだが、あの決定はちょっとネー……』と…、そこで出る結論はまた全く別のものになる。」

山本は同書で、我が国では物事を決めるのは人間ではなく「空気」であると看破した。そして「空気」が決めた例の一つとして、太平洋戦争末期の戦艦「大和」の沖縄への出撃が、明らかに無謀であるにもかかわらず決定されたことを挙げる（＊）。

昭和20年4月米軍沖縄上陸を迎えて、日本海軍は残存艦艇の主力である世界最大の46センチ主砲搭載の巨大戦艦「大和」及び軽巡洋艦「矢矧」、駆逐艦8隻からなる海上特攻隊を編成し、同隊に沖縄へ突入することを命じた。航空機の護衛なく出撃した海上特攻隊は、鹿児島県坊ノ岬沖で米軍機３００機以上の空襲を受け、「大和」以下大半が沈没した。「大和」の出撃については、連合艦隊や軍令部内に、沖縄まで辿り着ける見込みは薄く大きな戦果は期待できないという反対論が強かったが、小澤治三郎軍令部次長は戦後、「全般の空気よりして、その当時も今も当然と思う」と述べている。また豊田副武連合艦隊司令長官は「当時の私としては、こうするより仕方がなかったのだという以外弁解はしたくない」と述懐している（『戦史叢書』による）。

山本は、「大和」出撃を無謀とする主張には専門的知見やデータの裏付けがあるのに対し、当然とする側の根拠は専ら「空気」であり、「そうせざるを得なくしている」力を持っているのは「空気」であると指摘している。山本によれば、「空気」とはほぼ絶対的な支配力を持つ判断の基準であり、それに抵抗する者を「抗空気罪」で社会的に葬るほどの力を持つ超能力である。そして「空気による支配」は、特定の命題を絶対化して、それを思考や議論の前提とすることにより形成されるという旨を述べている。

戦艦「大和」の例でいえば、沖縄到着の可能性や戦果の見込みは判断基準でなく、海上特攻して散華することが、絶対化された前提だったということだ。因みに、「大和」出撃時の豊田長官の訓示には「壮烈無比ノ突入作戦ヲ命ジタルハ　帝国海軍力ヲ此ノ一戦ニ結集シ　光輝アル帝国海軍海上部隊ノ伝統ヲ発揚スルト共ニ其ノ栄光ヲ後昆《コン》ニ伝エントスルニ外ナラズ」とある。栄光を後世に伝えるために散華することが目的のような感が否めない。

〔開戦の「空気」に逆らえないから米国との戦争を決心〕

先の大戦で専ら空気によって不合理な決定がなされた事例は、「大和」出撃にとどまらない。そもそも対米開戦の決断自体が、空気によるものなのだ。

昭和16年9月の御前会議で「外交交渉に依り10月上旬頃に至るも尚我要求を貫徹し得る目途なき場合に於ては直ちに対米英蘭開戦を決意す」との方針が決定されたが、第三次近衛内閣総辞職後の東條内閣組閣の際、天皇の御諚により方針は再検討となった。10月18日成立の東條内閣で海軍大臣を拝命した嶋田繁太郎大将は、当初対米開戦を回避する立場をとっていたが、同30日午後、澤本頼雄海軍次官と岡敬純《たかずみ》軍務局長を呼び開戦を決意したことを告げる。澤本次官は、日記に以下のように記している。

嶋田海相は…次の如く言明せり。「自分は突然場末の位置（横須賀鎮守府司令長官）より飛び込み、未だ中央のこともよくわからざるも、数日来の空気より総合して考ふるに、この大勢は容易に挽回すべくも非ず、無理に下手なことをやれば却て大害をなすに至るべし。故に此の際戦争の決意をなし…」（大井篤など「海軍は何故開戦に同意したか」（『太平洋戦争秘史』日本国防協会刊）より引用）。

海相たるもの和戦両案の利害得失を比較衡量して決断すべきであろう。それを、開戦の「空気」に逆らえないから国力が20倍の米国との戦争を決心したというのだ。

〔命題の相対化によって空気に克つ〕

澤本日記の続きを読むと、次官が中国からの撤兵という対米譲歩を提案したところ、海相は「陸軍20万の精霊に相済まぬ」と応じている。戦死者に済まないから撤兵できないというのが、この場合の絶対化された命題なのだ。これを前提とする限り、次官の提案は検討の余地がない。もし中国駐兵維持論を相対化できれば、撤兵により米国と妥協する案と並べて比較衡量することが可能となり、空気でなく論理と知性で決断することもできたはずだ。

まさに空気恐るべしであるが、諸兄姉も職場の会議などで、空気即ち絶対化された前提による場の支配を感じたことはないだろうか。それは、過去の経緯だったり、世の中の流行だったたり、実力者への忖度だったりする。曰く「従来の経営方針を急に否定できない」、「グローバル化のためには海外M＆Aが必要」、「社長が某団体の役職に就く時に赤字決算はあり得ない」…。

それぞれの命題は一概に否定されるべきものではない。海外M＆Aについて、リスクと期待される収益を総合勘案して、許容されるリスクの範囲内であり、投資収益は資本コストを十分に上回ると判断するのであれば、実行すればよい。結果として失敗することもあるかもしれないが、それが経営判断というものである。

重要なことは、社長が任期中にどうしても海外進出を果たしたいと思っていて、社長への忖度から、グローバル化を表向きの理由にして海外M＆Aが絶対化されるというようなことがあってはならないということだ。絶対化されると他の選択肢と比較衡量できなくなる。その挙句、実際の企業価値より大幅高値で買収するようなことになる。その結果、多額の差額（のれん）を招く。これを償却すると赤字決算になるから、グローバル化を理由に会計基準を変更して償却を先送る…。こんな連鎖にはまりかねない。支配して決定したのが空気でも、ツケを払うのは人間である。

冒頭の「KY」の話に戻る。作業現場などにおける「KY」訓練とは、「空気を読む」訓練ではなく「危険予知」訓練のことである。空気支配の危険を予防するには、特定の命題を絶対化しないということを、普段から、訓練とまでいかなくともしっかりと意識しておくことが重要だろう。

とはいえ「空気」の力には恐るべきものがある。明治憲法下「統治権ヲ總攬シ」「陸海軍ヲ統帥ス」とされた天皇でさえ、戦後、御前会議に関して「天皇には会議の『空気』を支配する決定権はない」(『昭和天皇独白録』文春文庫)と述べているのだ。心すべきだろう。

〈現代・将来のリーダーへの提言〉

現代においても、我が国では「空気」によって支配された場で各種の決断がなされがちだ。上記に述べたように、「空気による支配」に陥らないためには特定の命題を絶対化しないことが重要だ。しかし多くの場合、「空気」によって支配された会議場にいると、「特定の命題が絶対化されている」こと自体に無意識のうちに鈍感になりがちだし、気がついたとしてもそれを指摘するには大変な勇気を必要とする。どうすればいいのか。

会議の中で、自明と思い込んでいる「特定の命題」を含めて、すべての命題を並列的に列挙してそれぞれの利害得失を検討する手順に持ち込むのがよい。「大和」出撃の例であれば、黒板に出撃案と温存案を並べてそれぞれの得失を列記するのだ。出撃案のメリットは、「海軍象徴である『大和』が散華することで国民に対して申し訳が立つ」、「栄光を後世に伝えられる」、「主砲射撃可能な状態で沖縄にたどり着くことができれば沖縄の陸上部隊や県民を支援できる」、「敵航空兵力の関心を『大和』に引き付けることで我が陸海軍航空隊の特攻機の突入が容易になる」といったところだろう。デメリットは、「沖縄突入の成功率は低い一方で成否にかかわらず貴重な艦船と歴戦の乗組員を失うことが必至である」、「我が海軍の残存燃料のほとんどを消費してしまう」等であろう。温存案のメリットは、「国内外に対する艦隊保全主義（注）的意義、すなわち連合軍の本土上陸に対する一定の脅威の維持と国内における海軍の政治的発言力の裏付けの保持」であり、デメリットは、「『大和』が呉軍港在泊のまま敗戦となれば海軍の面目が立たない」ということであろう。

勿論仮に当時の海軍の首脳部がこういうやり方で議論したとしても、結論は変わらなかったかもしれない。しかしながら、仮にそうであれ、それは得失の各項目の評価や比較衡量に当たっての判断の問題であって、「空気」が決定する特定命題の絶対化とは違う。日頃から特定命題の絶対化の弊害を意識して、複数案を並列的に比較衡量して議論を進めることを習慣化することが大切だと思う。

＊　同書では同種の例として、公害問題で科学的論証なく企業側が断罪される事例も挙げている。山本の立場は公害容認でも企業擁護でもなく、「公害」の絶対化の弊害を指摘するものなのだが、この事例は戦艦

「大和」の例と違ってあまり引用されない。これも空気なのだろうか。

（注）fleet in being の訳語。本来、海軍兵力が比較劣位にある国が、決戦を避けて自軍の艦隊を温存し、温存した艦隊の潜在的脅威で相手国の海軍の活動を制約しようとする戦略を指す。大戦末期の日本海軍の場合、「大和」以下の艦隊が保全されたとしても、保全された艦隊が米国の海上行動を有効に制約できたとは思えないが、航空機の飛行困難な悪天候時には水上部隊も活躍の可能性があり、また搭載兵器や要員を陸上に転用する途もあるので、本土上陸作戦に対する多少の脅威にはなったであろう。

10　対手《たいしゅ》とせず

……日中戦争収拾の途を閉ざした近衛声明

〔広島ヤクザの名台詞〕

冒頭からヤクザ映画の話で恐縮だが、ヤクザ映画の名作といえば、高倉健主演の「昭和残俠伝」シリーズと菅原文太主演の「仁義なき戦い」シリーズが双璧だろう。前者が股旅物時代劇の延長線で任俠道を美化するのに対し、後者は欲望にまみれた戦後派ヤクザの醜悪な実態を生々しく描く。前者の見せ場は、映画の終盤、高倉健と池辺良が目と目を交わして二人で斬込みに向かう「道行き」であり、後者の魅力の一つは、登場人物たちが広島弁で吐く名台詞である。有名な台詞としては、例えば第一作「仁義なき戦い」の中で、暴力団山守組組長（金子信雄）に権力移譲を迫る若頭《わかがしら》坂井（松方弘樹）が吐く「おやじさん、言うといたるがの、あんた、初めからわしらが担いどる神輿じゃないの。…神輿が勝手に歩ける言うんなら歩いてみないや」あたりであろうか。あるいは、第五作「仁義なき戦い　完結編」で、酒乱で粗暴な暴力団組長大友勝利（宍戸錠）が、共闘を持ち掛けてきた武闘派組長市岡輝吉（松方弘樹）に言った「牛の糞にも段々があるんで。おどれとわしが五寸かい」(＝どんなものにも序列がある。俺とお前が対等だというのか)だろうか。

第四作「仁義なき戦い　頂上作戦」に、山守組長が対立する暴力団会長打本(加藤武)を殺そうとした時、若頭武田(小林旭)がこれを制止する台詞がある。「これ(打本)の首が残っとるうちは(打本会の背後にいる日本最大の暴力団明石組も含めて)話のつけようもありますがのう、首が無うなってもうたら誰と話つけるんですか。とことん戦争せいって言われるんじゃったら、それならかまいませんですがのう、わしゃ責任持たんですよ」。つまり、相手を圧倒できるのでなければ、抗争はどこかで手打ちするほかない。考えもなく抗争相手の頭領株を殺してしまったら、どうやっておさめるのかというわけである。…かつて重大な国策決定時に、類似の台詞が似合いそうな場面があった。

〔交渉相手との関係を断って誰と話をつけるのか〕

1937年(昭和12年)7月盧溝橋事件を発端とする日中武力衝突に、我が国は不拡大方針をとったが、翌月戦火は上海に飛び火した。ドイツ軍事顧問団の指導を受けた中国軍と日本海軍陸戦隊の間で戦闘が生じ、次いで我が陸軍部隊も派遣され、日中全面戦争状態になった。日本はトラウトマン駐華ドイツ大使を通じた和平工作を開始したが、戦線は拡大し、和平交渉は難航した。翌年1月11日の御前会議では、国民政府（蒋介石政権）が誠意をもって講和を求めてくれれば相当の譲歩をするが、講和に応じない場合は、以後は同政府を相手とする事変解決に期待せず、新中央政権の成立を助長するとの「支那事変処理根本方針」が決定された。同14日の中国政府回答は講和条件の詳細を照会するものであり、我が国政府はこれを遷延策であると判断して交渉打切りを決定した。同16日、近衛文麿首相は「爾後国民政府を対手《たいしゅ》とせず」との内閣声明を発出し、両国間の外交関係は断絶した。ここに武田若頭がいれば、「事変解決を交渉する相手との関係を断って、どうやって話をつけるんですか」と吐き捨てたかもしれない。

交渉打切りを決定した15日の政府大本営連絡会議で陸軍参謀本部は、交渉を打切れば日中間の武力衝突は「前途暗澹《あんたん》たる長期戦に移行する」として強く反対した。これに対して近衛文麿総理、広田弘毅外相等の政府側は打切り論であった。政府側を前に参謀本部多田駿《はやお》次長（注）は打切り不可を主張したが、米内光政海相が「統帥部が（責任者である）外相（の和平交渉見込みなしとの判断）を信用せぬは同時に政府不信任なり。政府は辞職の他なし」と同意を迫った。これに対して多田は、「明治大帝は朕に辞職なしと宣《のたま》へり（国家の大事を前に軽々に辞職を口にするは不可の意）」と反論した。会議は午前午後纏まらなかったが、夜に入り遂に多田は折れた。

政府側の交渉打切り論は、「支那事変処理根本方針」に基づくもので、ある意味政治のデュープロセスに沿ったものではあった。海軍良識派とされる米内が参謀本部の反対論を抑えたのは、統帥部は政府の統制下にあるべきと考えたのだろうし、近衛は、陸軍統帥部（参謀本部）が講和を急ぐのは対ソ戦の意図があると危惧したのかもしれない。しかし、結果として悔いを千載《せんざい》に残す決定となった。

声明の「対手とせず」との表現は、国民政府を中国中央政府として否認するものかどうかを曖昧にして将来の和平交渉の余地を残そうとする事務方の苦心の作文だったと思われる。しかし、国内に国民政府膺懲《ようちょう》論が高まる中、議会の質疑で、「対手とせず」とは「交渉しない」にとどまらず「中央政府として認めずその撲滅を図る」意味であると答弁されるに至り、事務方の苦心は空しいものとなった。（＊）

〔遠き慮り無き決断は現代にも少なくない〕

上述の例の通り、遠き慮りなくその場の勢いで意思決定すると、往々にして痛恨事となる。近時においてもそういう事例はいくつも見られる。

１９９８年８～10月の金融国会では、参議院で与野党が逆転するねじれ下にあって、当時危機的状況にあった長銀について、野党や与党の一部が主張する同行の早期破綻処理を念頭に金融再生法が成立した。同法においては、「早期処理」を強調する政治的な意図からかと思われるが、破綻処理の期限を2001年3月末と極めて近く設定していた。長銀、日債銀のような大きな銀行の破綻処理の場合には、一般的な営業譲渡方式ではなく、特別公的管理という、一旦国有化した上で買い手を探してそこに株式を売却するM&A方式で処理される仕組みであった。ところが長銀の場合、買い手が外国ファンド1社しか見つからずかつ交渉の期限（特別公的管理の期限）が短く設定されていたために、日本政府は不利な交渉を余儀なくされたのである。「早期処理」は重要だが、自分の側にだけ交渉期限を設置すれば相手に足元を見られるに決まっている。これも遠き慮りなき意思決定の一例だろう。

沖縄県の米軍普天間飛行場は住宅密集地にあって危険なため、1996年日米両政府で県内移設と普天間飛行場返還が合意され、2006年には名護市辺野古沿岸部に代替飛行場を建設する現行計画が決定し、地元の合意形成に向けて関係者の努力が続けられていた。その折から、2009年衆院選の選挙戦で民主党鳩山由紀夫代表は普天間移設に関して「最低でも県外移設」を訴えた。衆院選で民主党は大勝し、民主党鳩山政権が誕生し、辺野古案は白紙に戻された。しかし鳩山内閣は別の候補地を見つけられず、翌年5月には県外移設を断念し、辺野古移設に回帰して日米共同声明を発表した。6月、鳩山首相は辞任したが、一連の迷走で本件をめぐる関係者の合意形成は大きく損なわれ、その後移設反対派の知事が続いたこともあり国と県は激しく対立して法廷闘争となる異常な事態となっている。鳩山代表がなぜ唐突に「最低でも県外移設」と発言したのか詳細を知るものではない。誰か無責任な助言をした人がいたのだろうが、その発言のもたらした迷走を見るかぎりでは、遠き慮りなくその場の勢いで発言したと受け止められても仕方ないだろう。

〔現代・将来のリーダーへの提言〕

この一大痛恨事たる近衛声明の逸話の我々への含意は何だろうか。

まず「遠き慮り」なくその場の勢いで退路を断つことや、その場の雰囲気から実現不能な公約を口にするようなことは厳に慎むべしとの戒めであろう。将来を正確に見通すことは困難だし、石橋を叩くばかりで渡らなければ前に進めないが、健全な常識と専門知識に基づいてリスクシナリオへの対応を考慮することは可能である。近衛内閣は交渉を打切るならば、国民政府が長期抗戦した場合の収拾策の目途をつけてからにすべきだった（交渉打切りを前提とした場合に、現実的な収拾策があるとは思えないが）。しつこいようだが、遠き慮りなくその場の勢いで意思決定することは避けねばならない。リーダーは自戒すべきである。

次に、意見の相違を玉虫色の文章表現でごまかして意思決定プロセスを進める手法、これは現代でもありがちな手法だが、これには問題の本質的解決をしないままなし崩し的に方針が決まってしまう面があることを認識すべしということだ。玉虫色の文書を積み重ねてなし崩し的に意思決定するやり方は、意見対立を先鋭化させずに済む一方、当事者に「所定のプロセスを積み重ねてきたのだから」という、心理的な逃げ道を与えがちだ。上記の近衛内閣の例であれば、御前会議の前に、関係者の意見対立を恐れずもっと論点を明確化した議論を徹底すべきだった。

そしてもう一つ。外交・国防の問題であるにもかかわらず、議会・世論対策という内向きの観点を必要以上に重視してしまった点にも着目すべきだろう。政府として、議会乗り切りも世論対応も重要なものであるが、外交・国防政策を決定する上での優先順位は最上位でないはずだ。しかるに近衛内閣は、国内世論すなわち国民政府膺懲論の高まりを必要以上に意識し過ぎたのではなかろうか。軍事専門家である統帥部の交渉継続論を政府側が押さえ込んだ背景には、外務省の情勢判断だけでなく議会対応・世論対策の観点があったと思われる。

現代の企業の意思決定に当たっても、事業の将来性、リスク、社内世論、株主やマスコミの評価など考慮すべき事項は多数ある。その優先順位は十分検討すべきだ。我が国近現代史に、内向きの観点に重きを置きすぎたが故の失敗事例は決して少なくない。

（注）当時参謀総長が皇族の閑院宮《かんいんのみや》載仁《ことひと》親王であったため、慣例により次長が出席

＊　辞書を見ると「対手」は「あいて」とも読めるし、当時のニュースフィルムなどを見るとアナウンサーは「あいて」と読んでいるように聞こえる。声明の文語体の語調からすると「たいしゅ」と読むのが自然なように思うが、識者にご教示をいただければ幸いである。

参考文献：『支那事変戦争指導史』（堀場一雄著、明治百年史叢書）、『自壊の病理』（戸部良一著、日本経済新聞出版社）、『昭和史講義2』（筒井清忠編、ちくま新書）

11 「ドレッドノート」革命

……画期的な建艦思想で造られた戦艦の登場は、従来の主力戦艦を一気に陳腐化

〔「ド級」のヒストリー〕

「ド級」あるいは「超ド級」という言葉、若い世代にはなじみが薄いかもしれないが、昭和の御代ではよく使われていた言葉で、映画館やパチンコ屋の広告などで頻繁にお目にかかった。最近はあまり見かけないが、たまに「超ド級スペック」というような用例でお目にかかる。超弩級と漢字表記されることもあるが、実はこの「ド」とは１９０６年就役の英国戦艦「ドレッドノート」に由来する。

強力な戦艦であった「ドレッドノート」と同等の戦力を持つ戦艦がド級艦と称され、「ドレッドノート」を上回る戦力を持った戦艦が超ド級艦というわけである。因みに「ドレッドノート」は英国海軍の由緒ある艦名で、辞書を引くとｄｒｅａｄ（恐怖）＋ｎｏｕｇｈｔ（＝ｎａｕｇｈｔ＝ゼロ）であるから、怖れを知らないという意味であろう。艦名は第二次大戦後、原子力潜水艦に引き継がれた。

「ドレッドノート」は、従来の戦艦（例えば日露戦争時の「三笠」やその後継の「鹿取」など）が大口径の連装主砲2基4門と主砲より小型の中間砲や副砲多数を混載していたのに対し、単一口径の連装主砲5基10門を装備し、中間砲や副砲を搭載しない画期的な戦艦であった（注）。本艦の登場により、建造中のものも含めて本艦以前の、英国を含む各国の主力戦艦が全て陳腐化したと言われる。具体的には、日本海軍の当時建造中の最新鋭艦「薩摩」級やイギリス海軍の「ロード・ネルソン」級などが全て就役前に旧式艦になった。因みに、本艦以前の設計思想で建造された戦艦は前ド級艦と呼ばれる。

ド級艦登場の背景には、日露戦争の黄海海戦・日本海海戦の戦訓があった。19世紀までの海戦での交戦距離はせいぜい2キロ程度であり、戦艦には大口径、中口径、小口径の砲が多数混載され、各砲は砲側で個別に照準して射撃していた。20世紀に入ると大砲や光学測定器の進歩により交戦距離が遠距離化し、日露戦争では6～8キロの遠距離で交戦が開始された。その戦訓から、戦艦主砲の圧倒的威力、主砲以外の砲の射弾観測の困難性、射程の短い小口径砲の有効性の低下、艦橋からの指揮による統一的な射撃管理の有効性、高速力の優位性などが判明し、海軍関係技術者からは、高速力を備え大口径砲で統一された理想的戦艦が提唱され始めた。

〔フィッシャーと「ドレッドノート」〕

逸早くこれに着目したのが英国海軍制服組トップの軍令部長ジョン・アーバスノット・フィッシャーである。一般に軍人は兵器について保守的な傾向にあるが、先見の明に富む彼は指導力を発揮し、長距離砲戦での圧倒的優位性を有する戦艦として、短期間で「ドレッドノート」を完成させた。基準排水量は前ド級艦と大差ない18000トンだが、12インチ（30・5センチ）主砲の門数は、従来型4門に対して10門（片舷火力8門）である。これを斉射《せいしゃ》（複数の同一口径砲を統一的な照準で同時発砲し、着弾を観測して照準を修正する射法）することにより高い命中精度を得た結果、本艦1隻の長距離砲戦力は前ド級艦3隻に匹敵するとされた。蒸気タービン採用による最高速力21ノット、すなわちレシプロエンジンの従来艦比3ノットの優速は、敵艦との距離を砲戦上最も有利に保つことを可能にした。

フィッシャーは、英海軍でネルソンの次に偉大な提督と言われる。当時英国は、国力伸張著しいドイツと海軍軍備拡張競争中であった。フィッシャーはドイツとの競争を念頭に、英国として本国艦隊に加えて現状の大規模な海外駐留海軍を維持し続けることは財政上困難であると看破した。「海軍というコートの長さを、財政という生地の長さに収まるように短くすることは、今や避けられない（『イギリス海上覇権の盛衰』ポール・ケネディ著、山本文史訳、中央公論新社）」ということであった。彼は、海軍内部、外務省、植民地省など各方面からの反対を押し切って、海外拠点の艦隊を大幅に縮小する一方で強力な本国艦隊の建設に努めた。多数の旧式小型の軍艦を「(戦うには弱すぎ、逃げるには遅すぎるので、戦時になれば) 1隻の敵巡洋艦が一網打尽にする」から役に立たないとして大整理した。それによりド級艦はじめ強力な新鋭艦を建造・配備するための予算と人員を確保したのである。

〔その後の建艦競争〕

超ド級戦艦第1号は、1912年就役の英国戦艦「オライオン」とされる。排水量22000トン、13・5インチ砲10門を装備し、速力21ノットの文字通り超ド級であった。各国海軍も次々にド級艦、そして超ド級艦を建造した。コートの長さを、生地の長さに収まるように短くすることは容易でないのである。

建艦競争は第一次大戦後も継続し、巨額の財政負担は1921年のワシントン海軍軍縮会議開催につながった。

それにしても、その「超ド級」が、極東の国でパチンコの新型機種の形容詞になるとは、さすがのフィッシャー提督も予想しなかっただろう。

〈現代・将来のリーダーへの提言〉

「ドレッドノート」とフィッシャーの逸話は、現代の我々に多くを示唆してくれる。

まず、テクノロジーは不断に進歩していくが、その影響は非連続に出現するということである。換言すれば、技術の進歩とは別にその運用・利用思想の進化があり、両者が相俟ってある時点で一気に革命的な影響を及ぼすのだ。大口径長射程の砲熕《ほうこう》兵器、精密光学観測機器、射撃管制装置などの技術進歩と、艦橋からの着弾観測と統一的な射撃管理に基づく主砲斉射という運用思想の進化が重なって、単一口径巨砲の多数搭載という画期的な建艦思想となり、従来の主力戦艦が一気に陳腐化してしまうような一大革新を起こしたのである。

別の例として、例えば、無線通信の発展が、ある時点で運用・利用思想の進化によってラジオ・テレビ放送を生み、20世紀の社会・文化に大変革をもたらしたことを想起されたい。技術の進歩とともにその運用・利用思想の進化があって、時代を大きく変えるのである。近時の映画やドラマのサブスクリプション方式によるネット配信事業や、ＳＮＳの普及とその影響などの事例でも明らかだろう。

我々が時代の変化を速やかに把握するためには、テクノロジーの進歩だけでなくその運用・利用思想の進化にも目を向けていくことが重要である。

さらに、時代の変化を速やかに把握した上で的確な判断を下すためには、判断基準が重要である。「ドレッドノート」革命の果実を最初に得たのは英国であり、上述のようにフィッシャーは海軍全体の大改革を進めた。彼の海軍政策の判断基準は、軍艦の火力、速力、経済性、そして艦隊戦力の集中度であり、突き詰めれば効率性ということであったと思う。効率性を重視していたからこそ、最も効率的な主力艦としてド級艦建造に踏み切ったのだろう。彼は、効率性重視の考え方から、海軍の経営資源の選択と集中を進めた。これによって、英国は本国海域での対独優勢を第一次大戦まで保持することを得たのである。現代に生きる我々も、何を判断基準とすべきなのかを、常に意識する必要がある。

（注）「ドレッドノート」は中間砲・副砲を全廃し、副武装としては対水雷艇用7・6cm単装速射砲多数装備した。しかし、同砲は水雷艇よりも大型で強力な駆逐艦に対抗するには威力不足とされ、その後に建造される戦艦においては対駆逐艦用副武装として副砲が復活した。

＊「ドレッドノート」就役から8年後の1914年に、第一次世界大戦が勃発した。同大戦時には既に超ド級戦艦が主力となっていた。就役当時高速を謳われた「ドレッドノート」だが、第一次大戦時には相対的に低速になっており、他の艦船との作戦行動が困難なため活躍の機会が少なかった。「ドレッドノート」

は、大戦後の１９２０年に退役を迎えた。
なお、大戦中「ドレッドノート」は、１９１５年3月に独潜水艦U-29を体当たりで撃沈する戦果を挙げた。これは、戦艦が潜水艦を撃沈した唯一の事例と言われている。因みに、同艦は、設計上体当たりによる接近戦を想定しておらず、それ以前の戦艦において必須装備とされていた体当たり用の衝角を廃止した最初の戦艦である。上記戦果とあわせ鑑みると何とも興味深い。

参考文献：前掲書の他『イギリス戦艦ドレッドノート』（クリス・マクナブ著、大日本絵画）

12　人事の人武田信玄

……人は石垣、人は城、情けは味方、仇は敵

〔大将の資質の最上位は人物評価〕

江戸時代の歴史家頼山陽は、川中島合戦の絵を題材に「不識庵《ふしきあん》機山《きざん》を撃つの図に題す」という有名な詩を作った。不識庵は上杉謙信の号であり、機山は武田信玄の号である。

「鞭声《べんせい》粛《しゅく》　粛《しゅく》　夜河を過《わた》る　暁に見る千兵《せんぺい》の大牙《たいが》を擁するを　遺恨なり十年一剣を磨き　流星光底長蛇を逸す」。（拙訳すると、上杉方は武田方の裏をかき、馬に当てる鞭の音もたてず、夜秘かに川を渡った。明け方、武田方は上杉の数千の大軍が将旗を立てて突然面前に現れたのを見て、大いに驚いた。しかし、謙信にとって残念なことには、この十年来この日に備えてきたのに、名刀一閃、刃は信玄の軍配を弾いて討ちもらした）

戦国時代の英雄といえば、この両者すなわち甲斐の武田晴信（出家して信玄）と越後の上杉輝虎（同、謙信）が代表格であろう。両雄は北信濃の支配権を争ってしばしば干戈《かんか》を交えた。それが数次にわたる川中島の合戦である。

さて「人は城、人は石垣、人は堀、情けは味方、仇は敵なり」という歌は、江戸初期に編纂された軍記『甲陽軍鑑』に、「或人《あるひと》曰く武田信玄作」と記述されているものである。表題の句の形で三橋美智也の「武田節」に歌われて有名になったが、いずれにせよ、信玄が人材を重視したことを伝えるものである。

『甲陽軍鑑』には、信玄の事績、言行、家臣団の逸話、後継の勝頼の事績、武田家の制度、軍略などが記述されている。武田氏滅亡後、徳川家康が武田遺臣を積極的に採用したため、甲州流軍学が盛んになり、『甲陽軍鑑』は広く流布した。史料的価値に関しては諸説あるが、注釈書や解説書の助けを借りて読むと、信玄と家臣たちの対話など実に興味深い。特に信玄が人材の評価、登用、活用などについて述べた部分などは現代に通ずるところ多く、しばしば感嘆する。

『甲陽軍鑑』（吉田豊編・訳、徳間書店）によれば、同書の姉妹編ともいうべき『信玄全集末書』には、信玄は大将たるものの高名誉《こうみょうほまれ》（功績）として「第一に人の目利き、第二に国の仕置き、第三に大合戦勝利」を挙げるとある。つまり信玄は、大将たるものの持つべき資質の最上位は人物評価だと言うのだ。その信玄に新規召し抱えられ、活躍したのが山本勘助である。

〔山本勘助の登用〕

勘助は独眼で片足が不自由ながら幾多の合戦で手柄を立て、その兵法（用兵と戦闘）の才を謳われた。また築城術の専門家でもあった。川中島合戦時武田方の基地となった海津城《かいづ》（後の松代城）、桜の名所として名高い高遠城《たかとお》、懐古園に遺構を留める小諸城などは、勘助の縄張り（城郭設計）によるとされる。

勘助は三河に生まれ、若い頃10年にわたり諸国を遍歴して武者修行し、京流の兵法を会得し、城取り（築城術）や陣取り（戦法）など軍法を究めたという。天文5年（1536年）37歳の勘助は、今川義元に仕官しようと駿河国に入り、侍大将庵原《いはら》忠胤《ただたね》に寄宿し、家中の重臣朝比奈《あさひな》信置《のぶおき》を通じて仕官を願った。しかし義元は、軍法に通じた大剛の士であるとの信置の推薦にもかかわらず、召し抱えなかった。容貌醜く、隻眼で指も欠け、足が不自由という勘助の異形を嫌ったからだという。勘助が浪人の身分のまま合戦に参加して再三手柄を立ててもなお採用しなかったのは、勘助の剣術の流派が京流であり、今川家本流の新当流でなかったからだともいわれる。勘助は仕官が叶わないまま9年を過ごした。

しかし、勘助の兵法家としての名声は次第に諸国に聞こえ、武田家の重臣板垣信方《のぶかた》は、駿河国に「城取り」（築城術）に通じた牢人がいると、若き甲斐国国主武田晴信（以下本稿では原則として信玄と表記）に勘助を推挙した。天文12年（1543年）、武田家は、知行100貫という新規召し抱えとしては破格の待遇で勘助を迎えた。信玄は入国にあたって勘助の体面を考慮して、馬や槍、従者まで用意させ、勘助を感激させたという。躑躅《つつじ》ヶ崎館《やかた》での対面後、信玄は「勘助は、一眼、手を数ヶ所負い候へば、手足もちと不自由に、みへたり。色黒ふ、ヶ程《かほど》の無男《ぶおとこ》にて、名高く聞へたるは、能々《よくよく》ほまれ多き侍と、覚えたり」と述べ、これほどの武士に百貫では不足であろうと知行二百貫とした。

信玄は築城術や諸国情勢について勘助と語り、その識見に感心し、深く信頼するようになった。新参の勘助への厚遇は一部の譜代の者から妬みを受けたが、信玄は勘助を庇護した。信玄は日頃から、遺恨による戦場での同士討ちを防ぐため家中での誹謗中傷を取り締まっていたところ、南部下野守《しもつけのかみ》という大身の侍が勘助の悪口を言ったことが信玄に伝わった。信玄は、勘助のような大剛の兵《つわもの》に悪口を言うなどその浅慮軽薄さは許すまじきことであるとして、南部を改易（追放）処分に処したという。なお、勘助自身は新参の身であることを自覚して常に慎み深く振舞い、信玄にも新参の者を厚遇しすぎないようそれとなく進言したりしている。

〔信玄の人材論〕

『甲陽軍鑑』によれば、信玄は法度《はっと》の基本原則として、人材を正しく評価して適材適所で用いること、部下の功績を正確かつ不公平なく把握すること、恩賞は功績に応じて与えること、慈悲を忘れないこと、怒る際には罪の程度に応ずることの五か条を挙げている。また、信玄は家臣たちとの雑談の中で、「渋柿は渋柿として使え。接木をして甘くすることなど小細工である。

（多様な人材の）それぞれの長所を活かすことが大切だ」、「大名として人を使うに当たって、一つのタイプを好み、似たような態度や行動の者ばかりを大事に召し使うことを、自分（信玄）は大いに嫌うものである」という旨を述べている。現代風に言えば、ダイバーシティ重視ということであろうか。

翻って、企業など現代の組織を見るとき、人事上社内ゼネラリストを重視するあまり異能の士を使いこなせていないということはないだろうか。独創型の人材に調整力を求めて逸材を腐らせていないだろうか。経営幹部が似たような経歴の者ばかりということはないだろうか。上述の信玄の人材論には実に深甚なものがある。その滋味正に掬《きく》すべきではなかろうか。

信玄は、人材の登用と活用に生涯にわたり意を注ぎ続けた人であった。天下の英雄信玄にして、なおこれほどの気配りと自戒を怠らぬのかと思う。換言すれば、そういうことを倦まずに積み重ねられる人物だからこそ、甲斐という農業生産力の低い山国を根拠地としながら、京に旌旗《せいき》を翻して天下に号令するまであと一歩のところまで上り詰めることを得たのであろう。

〈現代・将来のリーダーへの提言〉

トップの役割はいろいろある。構想を示し、需要な決断を下し、経営資源を適切に配分する……。しかし、突き詰めれば最も重要な役割は、人材を正しく評価して、仕事と報酬を正しく配分することではなかろうか。武田信玄の考え方は現代に生きる我々に大いに参考になる。

参考文献：前掲書の他『戦国資料叢書3、4甲陽軍鑑』（人物往来社）、『武田信玄入門』（山梨日々新聞社編・刊）、『「武田信玄」の研究—その人望と強さの秘密』（土橋治重著、PHP研究所）

13　入念の人山本勘助

……武神と称えられる蔭に周到な事前準備あり

〔山本勘助の活躍〕

山本勘助が武田信玄に召し抱えられたいきさつについては前章で述べた。『山本勘助』（平山優著、講談社）によれば、勘助は召し抱えられた天文12年（1543年）の暮れ、信玄の信濃出陣に従い九つの城を落とす手柄を立てた。また政略面では、諏訪支配確立の方策として、信玄が滅ぼした諏訪頼重の遺児諏訪御料人を信玄の側室に迎える政略結婚を献策して実現した。この諏訪御料人が産んだのが、後に武田家を継ぐ四郎勝頼である。また天文15年（1546年）の戸石城攻撃失敗から敵の追撃を受けたいわゆる「戸石崩れ」の撤退戦において、勘助は小勢を率いて牽制攻撃で時間を稼ぎ、その間に各隊を駆け回って態勢を立て直して反撃に転じ、起死回生の勝利を得るという大功を立てた。

前掲書によれば、勘助は当初数年の間、信玄に軍法（軍備や戦術）について問われても、古参の宿将たちに遠慮して軍法については発言を控え、専ら築城に関することのみ築城技術者の立場から意見を述べていたが、戸石合戦後は軍法についても発言するようになった。信玄が、「家中の勇将たちも、勘助の武略は神業であり、武神の摩利支天《まりしてん》のようだと讃えている。軍法の献策があっても家中で異論は出ないから安心して言上せよ」との旨を述べ、発言を促したという。

信玄が武田の軍法確立の方策を問うたのに対し、勘助は「よき軍法を確立するためには、まず領国をよく治めるための法度（法律）が必要である。法度が慈悲の心より制定されれば国が安定し、軍法もそれに照応して安定する」旨を答えた。これを受けて信玄が天文16年（１５４７年）に制定したのが、「甲州法度之次第」であるとされる。

〈落ち着きと事前準備を重視した勘助〉

さて信玄は、永禄元年（１５５８年）正月、勘助に、若手の侍たちに修身の心得となる話をするよう命じた。これを書き取らせたものが「山本道鬼入道百目録聞き書」として伝わっている（以下『実録・山本勘助』今川徳三著、河出文庫による）。勘助は、武田晴信（信玄）出家時に一緒に出家して、道鬼斎と名乗っていた。

その「聞書」の中に、朝、目が覚めたら、いかに急ぎの用事があろうとも、急ぎ起き上がってはならぬとある。まず仰向けになり、両手で胸より臍の下までゆっくりと何度も撫でおろし、さらに臍下三寸の丹田をしっかり押さえてから立ち上がれ。そうすればその日いかなる異変に遭遇しても、驚き慌てることはないと説く。

飲みすぎの胃もたれを寝床でさすっている私と心がけが違うのは当然であるが、「聞書」の記述からは、勘助が落ち着きと事前準備を重視していたことがよくわかる。起きたならば、布団の上に正座し、その日やるべきことを心の中で繰り返し、その対応をよくよく考えて、床を離れることとある。就寝に当たっても、寝所に入る前に厠に行き用を足す間に、その日の用事で忘れたことがあるかないかよくよく考え、もし忘れたことがあれば、すぐに書き留めて枕元に置き、翌日最初に済ませることとある。寝る前には庭に出て風の方向を確認しておき、万一近くで火事があった場合の避難場所を風向きに応じて判断せよともある。実に準備周到な人だったのであろう。

〔勘助の最期〕

前章冒頭で言及した頼山陽の漢詩は永禄4年（1561年）の第四次川中島合戦を詠ったものであり、勘助はこの合戦で戦死した。同合戦で信玄は、勘助等の献策により「啄木鳥《きつつきの》戦法」をとったとされる。すなわち武田軍2万名を8千名の本隊と1万2千名の別動隊に分け、武田方の拠点海津城と相対する妻女山《さいじょさん》に布陣する謙信以下1万3千名の上杉勢を別動隊で攻撃して妻女山麓の八幡原《はちまんばら》に追い、これをあらかじめ待ち伏せした信玄率いる本隊が、別働隊と挟み撃ちしようとするものであった。啄木鳥は餌をとるときに木をつつき、驚いて飛び出てきた虫をとらえる。同様に、別動隊の攻撃で越後勢が山を下りたところを待ち伏せて包囲しようとするものであった。

9月9日深夜、別働隊が妻女山に向い、信玄率いる本隊は八幡原に鶴翼の陣で布陣した。しかし、敵味方から軍神と畏怖された天才的武将謙信は、武田方の海津城からの炊煙がいつになく多いことに気づき、武田軍の企画を見破った。そして先手を取って、密かに妻女山を下って千曲川を対岸に渡り、八幡原に向かう。それが頼山陽の漢詩の「鞭声粛々夜河を渡る」である。翌朝、川中島の霧が晴れた時、信玄率いる武田本隊は上杉軍が将旗を掲げて眼前に布陣しているのを見て動揺した。「暁に見る千兵の大牙《たいが》を擁するを」の場面である。大牙とは、大将が本陣に立てる旗をいう。

上杉方は、車懸り（次々に新手を出す波状攻撃戦法）で襲いかかり、武田方は防戦一方に追い込まれた。乱戦の中、手薄となった信玄の本陣に、謙信は自ら斬り込んだという。『甲陽軍鑑』によれば、白手拭で頭を包んだ謙信は、床几に座る信玄に一文字に乗りつけて馬上から三太刀にわたり斬りつけ、信玄は軍配団扇をもってこれを受けた。信玄の側近、原大隅守《おおすみのかみ》が槍で謙信の馬の背を叩いたので、馬が棹立ちになって走り去り、信玄は窮地を脱したという。謙信から見れば、「流星光底長蛇を逸す」であった。

昼前に武田別動隊が戦場に到着したので謙信は兵を引き、合戦は終わった。上杉方は越後に引き上げたので武田方が信濃の支配権を守った形となったが、武田側は信玄の弟の武田信繁や山本勘助など有力な武将が討死した。

『甲陽軍鑑』には勘助の戦死の詳細は記されていない。『武田三代軍記』によれば、勘助は自分が進言した作戦が失敗して武田の諸将が相次いで斃れることに責任を感じて敵中に突撃して十三騎を倒し、力尽きて討たれたとされる。しかし、同書については、『甲陽軍鑑』をベースに種々脚色が加えられているとされており、勘助の最期については想像するほかなさそうだ。筆者としては、勘助が責任を取るために自殺的突撃を敢行したとは考えたくない。あくまで沈着冷静に、その時点において武田軍のために最も合理的と考えられる行動を選択し、結果として戦死したと想像したい。


〈現代・将来のリーダーへの提言〉

前章で、一代の英雄信玄が人材の登用と活用のための気配りと自戒の努力を継続したことを述べた。山本勘助についても、摩利支天の再来とまで称された伝説の軍師にして、なお周到な事前準備を日々怠らなかった、そして驚き慌てることのないよう落ち着きを重視して日々そのためのルーティンを励行したというところに注目すべきであろう。常識的というか当たり前というか当然なことをきちんとやる。そしていつもそれを自戒し、確認する。これを継続できる人でないと、名将や名軍師にはなれないのだと思う。

現代においても、怠慢や驕りや惰性あるいはスケジュールに追われた焦りなどから、当然なすべき事前準備や確認作業を手抜きしたために大きな失敗を招いた事例は少なくない。想定外の事態に遭って落ち着きを失い、周章狼狽して思いもよらぬ失言をしてしまうこともある。品質の検査やコンプライアンスのチェックを手抜きしたために不祥事を招き、記者会見でさらに傷口を広げてしまった事例もあった。事前準備と落ち着きを重視し、それを徹底した勘助の生き方には、学ぶことが多い。

参考文献：前掲書の他、『戦国資料叢書3、4甲陽軍鑑』（新人物往来社）、『甲陽軍鑑』（吉田豊編訳、徳間書店）、『山本勘助のすべて』（上野晴朗、萩原三雄編、新人物往来社）

14　安国寺恵瓊《あんこくじえけい》（その1）

……一介の禅僧は何故大名にまで出世できたのか

〔毛利の使僧となり、本能寺の変を予言〕

安国寺恵瓊《えけい》という人物を御存じだろうか。恵瓊は安土桃山時代の臨済宗の禅僧である。毛利氏に仕え、使僧（戦国大名の外交交渉を担当する僧）として活躍した。豊臣秀吉政権下で毛利の家臣のまま秀吉の直臣扱いを受けて重用され、伊予六万石の大名にまで取り立てられた。禅僧としても禅林最高位とされる南禅寺住持に昇った。関ヶ原の戦いでは石田三成等と西軍を主導したが、敗北して斬られた。

恵瓊の出自は、甲斐武田家の支族安芸武田家である。鎌倉時代以来佐東銀山《さとうかなやま》城に拠り、安芸国佐東郡一帯を治めていたが、戦国時代に、山陽の大内、山陰の尼子の二大勢力に挟まれ、次第に衰退した。最終的に尼子氏に従ったが、天文10年（1541年）、当時大内側の毛利元就に攻められて同城は落ち、城主信重は自害した。その遺児竹若丸は、東福寺末寺の安芸安国寺に逃れて仏門に入った。この竹若丸が、後の恵瓊であるとされる。

12年後恵瓊は、同寺を訪れた竺雲恵心《じくうんえしん》に認められ法弟となった。後に京都五山第四位東福寺住持となる恵心は、毛利元就の長子隆元《たかもと》の信頼篤く、毛利の使僧も務めていた。恵瓊は京都の東福寺で修業しつつ、やがて師を補佐して毛利家の外交に関わるようになる。恵瓊にすれば毛利は親の仇敵だが、禅僧として俗世の縁を断った身と割り切ったのだろう。1573年頃から、恵瓊は恵心に代わって外交の表舞台に立つ。毛利を頼る将軍足利義昭と織田信長の不和調停のため上京し、織田方の木下藤吉郎（後の豊臣秀吉）と交渉を重ねた。

当時恵瓊は、毛利氏重臣宛書状で「信長之代、五年、三年は持たるべく候。明年辺は公家などに成さるべく候かと見及び申候。左候て後、高ころびに、あおのけに転ばれ候ずると見え申候。藤吉郎さりとてはの者にて候」と、10年後の本能寺の変を予言している。「さりとてはの者」云々については、「さりとては」の次に「したたかな」等の形容詞が省略されているのだと思う。「数年は信長の天下だがいずれ大失敗する。秀吉は、そうはいってもしたたかな奴だ。（生き残って天下を取るだろう。）」という趣旨だろう。正に慧眼である。

〔信長の中国攻め〕

当時信長は、近江の浅井氏、越前の朝倉氏、石山本願寺、甲斐の武田氏、西国の毛利氏など反織田勢力に囲まれていた。中でも武田信玄が一番の脅威であったが、信玄が病を得て157

3年死去すると状況は好転した。信長は同年朝倉氏、浅井氏を滅ぼすと、1575年長篠の戦いで武田勝頼に圧勝した。当初同盟した越後の上杉謙信とはその後対立し、1577年手取川の戦いで織田軍は大敗したが、翌年謙信の急死で事なきを得た。1580年には、石山本願寺に事実上勝利して講和した。こうした中1577年頃から、信長は秀吉に命じて中国攻めを開始した。

天正10年（1582年）5月、秀吉は毛利方の備中高松城攻略中であった。城主清水宗治《むねはる》は頑強に抗戦していたが、秀吉は、築堤して川を堰き止め、城を湖中の孤島と化す水攻めの奇策で追い詰めた。その一方で、救援に駆けつけた毛利輝元以下毛利主力軍との和睦交渉を水面下で行なっていた。交渉に当たったのは、毛利方が恵瓊、織田方が黒田官兵衛（孝高《よしたか》）である。毛利方から、宗治以下城兵の助命と引換えに、継戦中の備中、美作、伯耆の3ヶ国に加え、備後、出雲両国の計5ヶ国を譲渡すると申し出たが、織田方は5ヶ国譲渡に加えて宗治の切腹を要求し、物別れとなった。直後の6月2日、本能寺の変が起きた。

（リアリストの本領発揮）

秀吉は変を知るやそれを秘匿したまま、宗治が自刃するならば備後と出雲の割譲は求めずとの妥協案を示した。恵瓊は、当主輝元に相談せず宗治に面会し、宗治は4日湖水の舟上で切腹した。輝元の立場上宗治の切腹は忍び難かったから、恵瓊はあえて輝元に相談しなかったのである。恵瓊は、毛利が織田と決戦しても勝ち目がないと見切っていた。従って講和するほかないが、領土割譲はその地の毛利方の中小領主にとって死活問題だから、宗治の助命よりも領土割譲の条件緩和を重視すべきだと判断したのだ。鋭敏な恵瓊は、急に妥協案が提示された裏に何かは感じたろうが、ここは秀吉に恩を売ることが得策と考えてあっさり和議をまとめたのだろう。

秀吉は直ちに軍を返して、信長の弔い合戦に向かう。世に言う「中国大返し」である。直後に変を知った毛利方では、和議を破棄して追撃すべしとの強硬論が多く出たが、恵瓊や小早川隆景の説得により誓約を守った。こののち秀吉はこれを多とした。

秀吉は、山崎の戦で明智光秀を討ち、翌年柴田勝家を滅ぼして、信長の後継者の地位を確立した。この間恵瓊は、講和条件のさらなる緩和を交渉した。天下の形勢に疎い毛利氏の重臣たちが過大な要求をするので苦労したが、天正11年（1583年）人質を出すことを条件に、備中・伯耆の一部を毛利側に残すことに成功した。

この後恵瓊は、隆景の支持の下に、毛利氏が秀吉に臣従する交渉をまとめる。その結果、毛利氏は豊臣政権下で8ヶ国を領する有力大名の地位を確保できた。以後恵瓊は事実上秀吉の直臣として働くことが多くなり、四国平定後は伊予国で2万3千石を拝領して大名となった。さらに、九州攻め、文禄・慶長の役の功で加増され、伊予6万石を領するに至る。

一介の禅僧が大名にまでなれたのは何故だろうか。言うまでもなく、恵瓊の使僧としての傑出した能力である。思うに、外交を担う者の最重要な資質は、物事を冷静・現実的に判断する能力と、自陣営の内部をおさめる政治力である。後者について言えば、相手側と合意したことを守れなければ、相手方の信頼を得ることはできず、以後踏み込んだ交渉はできない。内をおさめることができる者だけが外をまとめることができる。これは今日にあっても、外交に限らず交渉事についての真理であろう。

もちろん時代的背景もある。群雄割拠の時代にあっては外交戦略が軍事力とともに各大名の安危を制するものであり、それを担う使僧の能力が重要であった。また、秀吉が社会の最下層から天下人まで出世したように、社会階層が固定化していない時代であった。とはいえ、早くに秀吉の資質を見抜く慧眼と、交渉を通じて秀吉の信頼を得る能力を持っていたから、大名にまで昇り詰めることを得たのである。

参考文献：『安国寺恵瓊』（河合正治著、吉川弘文館人物叢書）、『新編日本武将列伝6』（桑田忠親著、秋田書店）、『戦国坊主列伝』（榎本秋著、幻冬舎新書）

15　安国寺恵瓊（その2）

……慧眼の外交僧は何故一世一代の判断を誤ったのか

（吉川広家との路線対立）

　前章で、毛利氏は恵瓊による秀吉への臣従交渉を通じて有力大名の地位を確保できたこと、恵瓊自身も秀吉の信頼を得て大名になったことを述べた。

　毛利氏は、当主（当初は元就の嫡子隆元、隆元の死後はその嫡子輝元）を隆元の二人の弟、吉川元春と小早川隆景が補佐する毛利両川《りょうせん》体制で時代を乗り切ってきた。１５８６年元春が没すると、隆景は一人よく毛利氏の安泰を保ったが、１５９７年隆景が死去すると、補佐の任は吉川元春の三男広家と、元就の四男である穂井田元清の次男毛利秀元が担うことになった。恵瓊は秀元と近くその顧問格であったが、武人肌の広家とはそりが合わなかった。豊臣政権下、恵瓊が文治派の筆頭石田三成と親密であったのに対し、広家は反三成の武断派に近かった。

　１６００年の関ヶ原の戦いでは、恵瓊は三成に与して毛利輝元を西軍の総大将に担ぎ出した。この過程で恵瓊は広家と激しく論争した。恵瓊は、秀吉の遺言に違反する家康を討つべしと説き、容れられなければ切腹するとまで言ったが、広家は、家康の軍事力は強力で三成側に勝ち目はないと譲らなかったという。広家の主張の方が現実主義的で、恵瓊の論には彼らしからぬ情緒的な感がある。とはいえ恵瓊の画策と説得で、輝元は総大将として大坂城に入城し、九州の島津も西軍に加わったので、表面上西軍有利の形ができた。しかし、広家に対する説得の不調が命取りになる。広家らは西軍の勝利を危ぶんで、輝元にも内密に東軍と「毛利は表向き西軍であるが、戦場では戦わないので、戦後所領を安堵してほしい」旨交渉していた。

関ヶ原合戦では、当主輝元は大坂留守居の重臣たちが広家派のため大阪から動けないこととなった。恵瓊・秀元は家康軍の後方にあたる南宮山麓に陣取ったが、前方に布陣する広家が毛利軍の参戦を阻んだため戦闘に参加できず、一方、主戦場では小早川隆景の養子秀秋の裏切りで西軍は敗北した。恵瓊は逃亡したが捕えられ、石田三成、小西行長と共に斬首された。

関ヶ原敗戦後、毛利秀元は大坂城籠城を主張したが、当主輝元は広家が徳川側から得た本領安堵の誓紙を信用し、大坂城を退去した。しかし、徳川方は大坂城を収めると、一転して、毛利氏を改易し防長2ヶ国を広家に与えるとした。広家の必死の嘆願により、毛利氏は何とか存続を認められたが、山陰山陽8か国から防長2ヶ国へ大減封となった。

（恵瓊の誤判断の理由）

なぜ恵瓊は三成に与したのであろうか。史家の解釈は、六十を超えた年齢から秀吉恩顧の情が先に立ち現実的に割り切れなかったとするもの、広家を含めて毛利家中を自分が抑えられると過信したとするもの等々である。

筆者が思うに、恵瓊ほどの人物が、老いから感情を制御できなかったわけはあるまい。説得の際に情に訴えたかもしれないが、決断は将来を見通した上でのものだったろう。仮に三成に加担しなかったとして、その後の徳川体制下で、毛利と恵瓊が生き残れるか否かを思案したのだと思う。徳川はいずれ豊臣家を滅ぼしにかかる。そのとき豊臣恩顧の大大名である毛利はただでは済むまい。まして恵瓊は…。そうであれば、徳川包囲網を作って毛利の天下を狙う、あるいは徳川対反徳川の均衡の中で第三極として西日本の雄となるべきだ。こう考えたのではないか。

ただそうであるならば、関ヶ原合戦前の彼の行動は精彩を欠くように見える。恵瓊が広家の内応工作に全く気付かなかったとは考えにくい一方、輝元の関ヶ原出陣を懸命に画策した痕跡はないようだ。毛利の総帥である輝元が出陣すれば、広家も西軍側で戦闘に参加せざるをえなかったろう。また南宮山の布陣も、主将秀元には戦意があったのだから、広家抜きで徳川を攻撃できるものとすべきであった。あまりに無策である。

これについて、恵瓊は外交巧者ではあったが戦巧者ではなかったとする見方がある一方、輝元出陣が成らなかった時点で既に達観したのだという解釈もありえよう。あるいは、合戦前の時点で勝敗不明と考え、秀元が西軍、広家が東軍につくことで毛利氏が漁夫の利を得られると思ったのかもしれない。

恵瓊の誤判断から、我々は何を学ぶべきだろうか。

まず過信が誤判断を招くということであろう。隆景あっての恵瓊であったことを弁《わきま》えていたはずなのに、自分の力で毛利氏内をまとめられると過信してしまった。広家が政敵恵瓊の説得に納得するわけがないのだから、輝元に広家を説かせるか、若しくは排除させるべきであった。

もう一つ、過去の経験にとらわれることの危険である。恵瓊は信長包囲網の時代の経験にとらわれ過ぎたように思える。信長包囲網は、1568年頃から信長が本能寺で横死するまでの十数年間、三次にわたり結成瓦解を繰り返した。他方、本能寺の変から秀吉が関白太政大臣として君臨するまでわずか4年、秀吉没後関ヶ原合戦まで2年、家康への将軍宣下は同合戦の3年後であった。恵瓊は、戦国大名の合従連衡の時代が統一政権の時代に変わる過程で、時代の変化のスピードが加速していることを、深いところでは理解していなかったのではないか。彼は、徳川対反徳川の対立が一気に決着するとは考えていなかったのだろう。徳川包囲網をうまく作り上げれば、家康は関東に撤退し、北に上杉、西に毛利と三氏鼎立できると見ていたのかもしれない。

広家は、軍事戦略が決戦主義・殲滅主義に移行し、時代の流れが速くなっていることを理解していた。他方、家康が秀吉の失敗から、政権安定のためには十分な直轄領の確保が最重要だと気づき、外様大名は事あれば改易して領地を召し上げようと考えていたことには、思考が及んでいなかった。

図式化していえば、恵瓊は人間学に通じていたが、軍事のスピード感に追いついていなかった。広家は軍事面を現実的に把握していたが、家康を人間的に観察する点では恵瓊の域に達していなかった。両者の関係が元春・隆景のようなものであれば、毛利氏も関ヶ原後の大減封の憂き目を避けられたかもしれないが、恵瓊は広家を思慮の浅い若輩と見なし、広家は恵瓊を毛利一門でない一介の坊主と蔑視していた。恵瓊の能力からすれば、下手に出て、広家の信頼を得て協調することも可能だったと思う。それができなかったのが老い故だとすれば、それもまた教訓とすべきだろう。

〔現代・将来のリーダーへの提言〕

前章において、一介の禅僧が大名にまでなれた理由について筆者なりの考えを述べた。恵瓊の外交を担う者としての能力、すなわち、物事を冷静・現実的に判断する能力と、自陣営の内部をおさめる政治力である。早くに秀吉から信頼を得たのは、とりわけ後者の故であろう。内をおさめることができる者だけが外をまとめることができる。これは今日にあっても、外交に限らず交渉事についての真理である。トップの立場として、部下に社外との交渉を委ねるのであれば明快な形で授権をすべきであり、また交渉結果については最大限尊重すべきであろう。もし、それができないのであれば、自らが交渉すべきであろう。

本章において、恵瓊の誤判断について論じた。上述の通り、史家の判断も分かれており確たる評価は難しいが、過信が誤判断を招いたということは明らかであろう。実力者・成功者ほど自己の能力を過信しがちである。十分自戒すべきであろう。

もう一点、上記にも述べたが、時代の変化が速い時、過去の経験にとらわれ過ぎることの危険は大きい。「愚者は経験から学び、賢者は歴史から学ぶ」（注）とはドイツの鉄血宰相ビスマルクの言らしいが、恵瓊の時代よりはるかに変化の速い時代に生きる我々は過去の自分の経験にとらわれ過ぎないことが重要だろう。

（注）ビスマルクの名言の原文はドイツ語であり私には読む術がないが、英訳では「Fools learn from experience. I prefer to learn from the experience of others.」である。従って「賢者は歴史から学ぶ」というよりは「自分の経験だけで判断するのは愚かしい。幅広く他者の経験も参考にすべきだ」というような意味ではないかと思う。安国寺恵瓊の例でいえば、吉川広家の考えも丁寧に聞いた上で判断すべきであった。

16　ハンニバルとファビウス

……戦略は戦術に優位する

〔ローマ史上最強の敵ハンニバル〕

ポエニ戦争（前２６４～前１４６年）は、古代ローマとアフリカ北岸のフェニキア人植民国家カルタゴの間で、カルタゴ滅亡まで三次にわたり戦われた。ポエニとは、ラテン語でフェニキア人を指す。

第二次ポエニ戦争（前２１８～前２０１年）でローマ市民を恐怖に陥れ、後世までローマ史上最強の敵と畏怖されたのが、カルタゴの英雄ハンニバルである。彼の父ハミルカル・バルカスは、シチリアの支配権を争った第一次ポエニ戦争の敗戦後、一族を連れてイベリア半島に移って植民地化を進め、兵を養った。その死後、娘婿ハスドルバルを経て、ハンニバルが２９歳でその地位を継いだ。

ローマへの復讐の念に燃えるハンニバルは、前２１８年イベリア半島のローマの同盟市サグントゥムを攻め、ローマと開戦した。翌年イベリアを弟に委ね、５万の兵と37頭の戦象を連れて陸路ローマを目指した。アルプス越えで犠牲を払いながらもイタリアへ侵攻し、ローマ軍を各地で撃破した。

ローマは執政官にセルウィリウスとフラミニウスを選出し、4個軍団5万名を動員した。両名は各2個軍団を率い、分かれてハンニバルを追った。フラミニウスはトラシメヌス湖北岸を縦列で進軍したが、カルタゴ軍は山側に潜んで待ち構えていた。朝霧の中ローマ軍の後方からカルタゴ騎兵が襲い掛かり、ローマ軍の先頭はカルタゴの重装歩兵に塞がれた。ローマ軍の中央には山側から軽装歩兵と弓兵が攻撃した。一方的な殺戮が続き、ローマ軍は執政官フラミニウス以下1万5千人が戦死し、多数が降伏した。

大敗したローマは、独裁官にファビウス・マクシムスを選んだ。彼は、現状でハンニバルと決戦しても勝てないと判断する一方、ハンニバルが敵地で大軍を保持し続けることの困難も看破して、決戦を避け敵の消耗を待つ持久戦略をとった。有効な戦略だったが、カルタゴ軍の略奪とローマ軍による事前焦土化の損害は大きく、土地所有者等の不満は高まり、ファビウスは市民から臆病と非難された。

〔カンネの戦い〕

ファビウスの任期が切れると、持久戦派と決戦派の双方からそれぞれパウルスとウァロが執政官に選ばれたが、市民の雰囲気は決戦一色であった。両名は軍を率いて迎撃に向かい、前216年8月南イタリアのカンネ付近で、歩兵8万、騎兵6千のローマ軍と歩兵4万、騎兵1万のカルタゴ軍が対峙した。当時ローマでは軍を率いる執政官が複数の場合は1日交替で指揮を執ることになっていた。当日の指揮官は決戦派のウァロであった。

ローマ軍は主力の重装歩兵を中央部に縦深に配置して、半月型に布陣したカルタゴ軍に楔状《くさび》に突入して中央を突破する作戦をとった。しかし、ハンニバルは中央部隊が押し込まれるのを放置して、両翼後方に配置した精鋭歩兵と優勢な騎兵をローマ軍の両側面に深く進撃させた。気がつけばローマ軍は完全に包囲され、パウルスはじめ5万人が戦死し、多数が捕虜となった。

騎兵機動力を最大限活かすとともに敵の中央への衝力をも利用して両翼から包囲したカンネの戦いは、戦史上包囲殲滅戦の手本とされ、その後現代に至るまで、多くの軍人の憧れるところとなった。元陸軍参謀の大橋武夫は、著書『統帥綱領』（建帛社）の中で「千古戦史に輝く」と評している。

カンネの大勝利後、ハンニバルの部将たちからは、余勢を駆って一気にローマを衝くべきだという意見が出た。特に騎兵隊長のマハルバルが強く進言したという。しかしハンニバルは、攻城兵器や兵站の不足からローマ進攻策を採らず、ローマ同盟都市の離反を図る分断戦略を選んだ。マハルバルはハンニバルに「あなたは勝利を得ることができるが、それを活用することは知らない」と言ったという。結果的にローマの同盟市がハンニバルの意図ほどには離反しなかったこともあり、後世史家には、カンネ後ただちにローマを急襲すべきであり、そうすればローマは崩壊したかもしれないとする向きが多い。ただ兵站に弱点がある中でローマ攻城戦に手間取れば、形勢が逆転する危険が大きく、難しい判断ではあった。カルタゴ本国からの補給がなく総合的体力で劣るハンニバル側としては、一度でも大敗すれば挽回は難しいので、戦術的勝利を連続していかねばならない事情にあり、全市民が必死に籠城戦を戦うであろうローマ攻略にはためらいが生じ、同盟分断作戦を選んだのだろう。

〔ファビウスは持久戦略でハンニバルの兵站の弱点を衝いた〕

大敗後ローマはファビウスの正しさを認め、彼を執政官とした。一方ハンニバルは、上述のようにローマ同盟都市の離反を工作したが、あまり大きな成果は挙げられなかった。ファビウスの持久戦略は次第に効果を発揮し、補給に苦しむハンニバルはイタリア南部に封じ込められた。ローマはハンニバルと正面から戦わず、彼に与したシチリアを制圧した。そして、優勢な海軍でカルタゴ本国からの補給を断ち、彼の本拠地であるイベリアにプブリウス・スキピオを派遣して攻めた。次いでスキピオはアフリカに転じ、カルタゴ・ヌミディア王国連合軍を破った。窮したカルタゴはハンニバルに帰国を求めた。

前202年10月ハンニバル率いる歩兵4万、騎兵3千、戦象80と、スキピオ率いる歩兵3万、騎兵8千は、北アフリカのザマの地で対戦した。従来カルタゴは騎兵戦力を友邦ヌミディアに依存していたが、先にスキピオがヌミディアを撃破してローマ寄りの王を擁立していたため、騎兵はローマが優勢になったのである。また歩兵も数こそカルタゴが優勢であったが、戦意の低い傭兵や未教育な市民兵が多く含まれていた。

開戦劈頭のカルタゴの象隊の突進は、部隊間隔を広げたスキピオの巧みな布陣に躱《かわ》されてしまった。しかし、ハンニバルは屈することなく、自軍の騎兵をわざと退却させてローマ側の騎兵を戦場から遠くに誘導した。そして、数に勝る歩兵で中央突破を図った。しかし、精強なローマの正規軍団をなかなか突破しきれない。そこへ、カルタゴ騎兵を追跡していたローマ騎兵がカルタゴ軍の背後に戻ってきた。万事休す。カンネの包囲殲滅戦がローマ軍により再現された。

ローマはカンネで敗北しても新たに軍団を編成し、同盟諸都市の結束も揺るがなかったが、カルタゴはザマで敗れると力が尽きた。厳しい講和条件を呑むほかなく、第二次ポエニ戦争はローマが勝利し、地中海の覇権を確立した。

不敗の名将ハンニバルがザマで敗れた相手は、彼の戦術を研究した若きスキピオであったが、戦争全体を見れば、稀代の戦術家ハンニバルを老練な戦略家ファビウスが負かしたと言えよう。

ファビウスは持久戦略でハンニバルの兵站の弱点を衝き、ローマの総合的国力で軍事的天才ハンニバルを寄り切った。

〔現代・将来のリーダーへの提言〕

第二次ポエニ戦争の教訓は、現代の企業経営にも有用だろう。個別事業の足元の進捗や業績も重要である。しかし、より重要なのは、時代の流れを読み、例えばノンコア事業を売却してM&Aでフロンティアに進出する、技術や付加価値の動向を踏まえて事業重点を生産から意匠や設計に移す、そういった戦略的判断であろう。戦後の我が国経済発展を担ってきた大企業にあっても、戦略的判断の巧拙で片や持続的成長、片や没落と明暗を分けた事例は少なくない。現代でも戦略は戦術に優位するのだ。

＊　余談ながら、漸進的な社会改良をめざす英国の社会主義知識人たちが1884年に結成したフェビアン協会の名称は、ファビウスに由来する。資本主義社会の枠内で、議会活動や労働運動により、漸進的に社会改良を進めることを目指した。同協会は現代においても英国労働党の有力支持団体の一つである。

参考文献：『ハンニバル』（長谷川博隆著、講談社学術文庫）、『図説古代ローマの戦い』（エイドリアン・ゴールズワシー著、遠藤利国訳、東洋書林)、『ローマの歴史2』(モムゼン著、長谷川博隆訳、名古屋大学出版会)、『ハンニバル戦記』(塩野七生著、新潮社)

17　漸減邀撃作戦《ぜんげんようげき》（その1）

……事実認識と目的追求の混交が生んだ悲劇

〔前提から必然として結論を導く演繹論理の作戦構想〕

漸減邀撃《ぜんげんようげき》作戦は、日露戦争後米国を仮想敵国としていた日本海軍の基本戦略であった。『広辞苑』によれば、「漸減」とは「だんだんに減ること」であり、「邀撃」とは「むかえうつこと」である。優勢な米艦隊が日本に攻め寄せる間に潜水艦などで攻撃してその戦力を徐々に減らした上で、日本近海で迎え撃って主力艦（戦艦）同士の艦隊決戦により勝利しようとするものであった。

この漸減邀撃思想の源流は、日露戦争における対バルチック艦隊の作戦構想であろう。遠くバルト海から日本近海に進攻する露国バルチック艦隊を邀撃して撃滅せねばならない。一部でも撃ち漏らしてウラジオストクに逃がすと、満州にいる我が陸軍への海上補給が脅かされる。全滅させなければ、国力に劣る日本がロシアと有利な講和を結ぶことはできない。かかる前提で連合艦隊作戦参謀秋山真之が立てたのが七段構えの迎撃作戦であった。第一段として決戦前夜に駆逐艦・水雷艇隊が夜間奇襲雷撃、第二段は翌日の艦隊決戦、その後数次にわたる攻撃で敵を撃滅、最後は残敵を機雷原に追い込むというものであった。実際には「本日天気晴朗なれども波高し」という天候のため第一段の小型艦による夜襲は実施できなかったが、対馬沖の艦隊決戦と追撃により敵を全滅させた。

日露戦争後、日本海軍は米国を仮想敵国として軍備増強に努めたが、国力上、米国と互角の戦力を整備することは無理である。対米戦を想定すると、そもそも米本土攻略など到底不可能であるし、長びけば日本に勝ち目はないから、短期決戦で勝利して有利な講和を目指すほかない。兵力量で劣る日本海軍が米国艦隊との決戦で勝算を得るには、米側の西進途上を潜水艦で攻撃して敵主力艦を漸減するしかないというのが、日本海軍作戦当局の考えであった。ある意味で、前提から必然として結論を導く演繹論理の色彩の濃い作戦構想であった。

海軍内にも、米艦隊が西進してこないと漸減邀撃作戦は成り立たないので戦略として無理があるとする意見はあったが、他に活路がない以上これしかないという考えが主流であった。後知恵でいえば、他に答えがないから希望的な前提に依存して演繹論を展開させていくうちに、前提が希望的なものであったことを忘れて置き去りにした感がある。

日本海軍は、秋山や佐藤鐵太郎など歴代の海軍兵術の権威の研究結果から、米国の兵力量の7割未満では艦隊決戦の勝算は立たないが、7割あれば戦術次第では五分の算が立つ、すなわち国防上対米7割の兵力が絶対必要という認識に立っていた。ところが、1922年のワシントン軍縮条約、1930年のロンドン軍縮条約で、日本の主力艦（戦艦）・重巡洋艦保有量は対米6割とされた。国力や現有兵力を考えれば日本にとって不利な比率とはいえなかったが、7割論に立つ海軍の危機感は高まり、作戦面では潜水艦による漸減に一層多くを期待することとなった。

〔潜水艦への過度な期待〕

第一次大戦で独海軍の潜水艦（Uボート）は、英国に物資を輸送する商船を攻撃する通商破壊戦で英国を破綻寸前まで追い詰めた。しかし日本海軍は、Uボートの敵継戦能力破壊効果にはあまり注目せず、英海軍の対潜警戒が未熟であった大戦初期に、Uボートが戦艦や巡洋艦を撃沈した戦果に専ら目を向けた。そして潜水艦用法の重点を、通商破壊戦ではなく艦隊決戦の補助に置いた。仮想敵国の米国が各種資源の自給可能な大陸国であるため、通商破壊の効果は限定的と考えたということもあったかもしれないが、先に述べた漸減邀撃作戦しか活路はないという思い込みが主因であろう。

日本海軍は、その潜水艦部隊に、敵主力の動静を把握するための敵泊地偵察、敵艦隊出撃後の追跡、機をとらえての敵艦隊攻撃という過重な任務を課した。そのために、敵主力艦を追尾できる水上速力と長大な航続距離を持ち水上偵察機搭載可能な大型潜水艦（注）を整備し、猛訓練に励んだ。潜水艦部隊の艦隊司令長官の下に3個潜水戦隊を置き、各戦隊に潜水隊（潜水艦3隻で編成）を数隊配し、潜水隊司令は潜水艦に座乗して隷下潜水艦を指揮することを基本とした。他国海軍では潜水艦については個艦行動が原則だったが、日本海軍は、艦隊長官・戦隊司令官・潜水隊司令・各潜水艦長のラインによる艦隊行動で主力艦隊の決戦を支援することを志向していたのである。

〔現場情報は帰納されず演繹論理に固執〕

しかし太平洋戦争が始まってみると、潜水艦が警戒厳重な敵の泊地を偵察することや空母中心の高速の敵機動部隊を追跡して攻撃することは困難であるという現実が明らかになった。司令官や司令が隷下潜水艦を指揮して敵艦隊の行く手に散開線を形成して敵を補足しようとしても、潜水艦は浮上時しか通信できなかったし、敵近くでの無線発信は敵に所在を知らせて深刻な被害を招いた。他方、米潜水艦による日本本土と南方との間の輸送船団攻撃は、日本の継戦能力を著しく低下させ、敗戦に追い込んだ。

実は開戦前から潜水艦部隊の現場には、敵の厳重警戒下での泊地偵察や艦隊攻撃は、演習は知らず実戦では困難であり、潜水艦は通商破壊に専念すべきとの意見が根強くあった。海軍中枢においても、潜水艦用法をめぐり方針が何度か揺らいだ形跡があるが、結局は伝統の漸減邀撃作戦を見切ることができなかった。また、漸減作戦が立案された大正年間から太平洋戦争までの間に、飛行機が発達し、レーダーや対潜ソナーが開発され、潜水艦による艦隊追跡や艦隊攻撃が技術的に困難化したことの理解が不十分であった。

開戦後も、潜水艦の運用は通商破壊に重点を置くべきとの有力な意見具申があり、独海軍からもその旨の要請があったが、容れられることはなかった。実際、緒戦期にモザンビーク海峡などで局地的に実施した通商破壊戦では相当な戦果があったが、その後潜水艦の大半は哨戒や艦隊攻撃に投入され、大きな戦果なく消耗していった。戦争中期以降は、苦渋の選択とはいえ、敵の制空海権下で補給困難となった島嶼守備隊への物資輸送に投入され、積載貨物量が限られる潜水艦にとって労多く功少ない任務の中で、多くの犠牲を出した。

日本海軍の潜水艦用法については、演繹的思考が過ぎて現場情報を軽視したと批判されてもしかたなかろう。

（注）日本の大型潜水艦は性能に優れた面も多かったが、量産に不向きであった。対照的に独海軍は、通商破壊戦に適した中型潜水艦を標準化して量産した。

参考文献：戦史叢書のほか、『日本海軍潜水艦史』（日本海軍潜水艦史刊行会）、『潜水艦作戦』（板倉光馬他著、潮書房光人新社）、歴史群像21年4月号

18 漸減邀撃《ぜんげんようげき》作戦（その2）

……現場情報の帰納不良が思想転換の遅れを招いた

〔加藤友三郎《ともさぶろう》の卓越した演繹論〕

前章で、日本海軍の漸減邀撃作戦と潜水艦用法は演繹的に精緻な一方、現場情報からの帰納を欠いた旨を述べた。念のため申し上げれば、演繹的思考が悪いわけではない。演繹の過程で、現実がこうであるという事実認識とこうあるべきという目的追求とが混交してしまい、現場からの事実に基づく指摘に目を向けなかったことが問題なのだ。

1921～22年開催のワシントン軍縮会議に、加藤友三郎《ともさぶろう》海相（後に首相）は主席全権として参加し、大局的見地から主力艦保有量の対米英6割の比率を受諾した。彼は、現地で井出謙治海軍次官宛メモを口述した。的確な事実認識に基づく卓越した演繹論である。

曰く「（第一次大戦後の政治家の国防論は世界中ほぼ同様で）即チ国防ハ軍人ノ専有物ニ非ズ。戦争モ亦軍人ノミニテ為シ得ベキモノニ在ラズ。国家総動員シテ之ニ当ルニ非ザレバ目的ヲ達シ難シ。…平タク言ヘバ、金ガ無ケレバ戦争ガデキヌト云フコトナリ。…日本ト戦争ガ起ル Probabilityノアルハ米国ノミナリ。仮ニ軍備ハ米国ニ拮抗スルノ力アリト仮定スルモ、日露戦役ノ時ノ如キ少額ノ金デハ戦争ハ出来ズ。…米国以外ニ日本ノ外債ニ応ジ得ル国ハ見当タラズ。…結論トシテ日米戦争ハ不可能トイフコトニナル。…国力ニ相応ズル武力ヲ備ウルト同時ニ国力ヲ涵養シ、一方外交手段ニヨリ戦争ヲ避クルコトガ、目下ノ時勢ニ於テ国防ノ本義ナリト信ズ。即チ国防ハ軍人ノ専有物ニ非ズトノ結論ニ到着ス」（『太平洋戦争への道　別巻資料編』朝日新聞社）。要するに、仮に米国と同等の軍備があったとしても日本には戦争するだけの資力がない。借金するにしても貸す力があるのは米国だけだから、米国とは戦争できない。従って、軍縮に合意して外交で戦争を避けるべしという結論に到達する演繹論である。因みに加藤は、主力艦保有量の対米英6割受諾と引き換えに、太平洋根拠地の現状維持を米国に呑ませて、米国の日本進攻をある程度困難化させている。

しかし海軍という大組織の中には、対米不戦論だけでは国防に責任を負う海軍の存在意義にかかわると考える向きも出る。後知恵でいえば、対米戦に勝てずとも米国からの進攻を困難化して抑止する、例えば太平洋の島嶼争奪戦の中で米国側補給線を攻撃して大出血を強いることができる戦力を整備するというような戦略思想があれば、海軍内部の軍縮反対派を抑えられたかもしれない。国力に見合った何らかのわかりやすい明確な戦略思想があればよかった。

〔末次信正の功罪〕

話を戻すと、日本海軍の漸減邀撃作戦を完成させたのは、軍令部作戦課長や作戦部長を務めた末次信正（後に連合艦隊司令長官）だとされる。彼はワシントン会議に随行して加藤寛治主席随員とともに、主力艦保有量対米６割受入れに抵抗した。末次は、後年いわゆる艦隊派の首魁として、１９３０年のロンドン軍縮条約時には統帥権干犯まで唱えて猛反対し、条約派（国際協調派）の提督たちの追放左遷を主導して、軍縮条約脱退に大きく関与した。他方、軍令部作戦部長の顕職から望んで現場の第一潜水戦隊司令官に就任し、陣頭指揮で艦隊攻撃訓練に励むとともに潜水艦戦力の整備に努め、部隊の士気を大いに高めたといわれる。連合艦隊司令長官時にも部下の信望は絶大だったというから、人の評価は難しい。（注）

戦史叢書中に、末次が後年潜水戦隊司令官当時を振り返っての発言がある。「…人間は概して保守的なもので、専門家となる程この傾向がはなはだしく、今までの習慣とか経緯に捕らわれて…改革は行われ難くなる。何か新しい試みをしようとすると、『素人は困る』というなり反対する。…異常の根気と、果断決行とによらなければ改革はできぬ」。末次は潜水艦部隊に、敵艦隊攻撃のための猛訓練を施した。その過程では、古参の潜水艦関係者からの反発があった。現場経験に基づく合理的なものもあり、専門家の保守性によるものもあったろうが、末次は反対を排除して改革を断行した。潜水艦関係者に旋風を巻き起こし、潜水艦用法・技術の発達に資するところ大きかったという。

なお、末次が強硬にロンドン海軍軍縮条約に反対した最大の理由は、潜水艦量に制限を加えられたためと言われている。同条約では、補助艦（主力艦、航空母艦以外の艦艇）対米比率6割9分7厘5毛、潜水艦日米同量（5万8千トン）、大型巡洋艦対米比率6割とされた。末次にとって、潜水艦は、対米作戦上索敵、漸減の大きな役割を担うものであり、絶対量が重要であって比率は無意味であったのだ。

〔用兵思想の転換の遅いことは、潜水艦だけでなく日本海軍の通弊〕

末次の功績は功績として認めるとしても、漸減邀撃作戦に基づく日本海軍の潜水艦用法は大失敗であった。米太平洋艦隊司令長官として日本海軍と戦ったニミッツ元帥は、その共著『ニミッツの太平洋海戦史』（恒文社）で酷評している。「…Uボートが挙げた戦果や…大西洋戦における連合軍船舶の大損害にもかかわらず、日本側は通商破壊兵力としての潜水艦の大きな価値を頑として認めようとしなかったのである。…日本側の混乱と不振の由来は、主として最高統帥部の側における戦略的無定見に帰すべきである。…米潜水艦が日本の貨物船に対する絶え間ない攻撃によって、その戦争潜在力を涸渇させつつあった間、日本側は米艦隊がそれに依存していた脆弱な貨物船には目もくれず、警戒充分な艦隊ばかりを狙って潜水艦を繰り出した。

…古今東西の戦争史において主要な兵器がその真の潜在威力を少しも把握理解されずに使用されたという稀有の例を求めるとすれば、それこそまさに第二次大戦における日本潜水艦の場合である」。

実は米国側も開戦前の対日作戦構想は艦隊決戦主義であり、潜水艦には決戦前の偵察や敵主力艦攻撃を期待していたといわれる。戦史叢書「潜水艦史」は、むすびに述べている。「戦前に考えられていた潜水艦の用法は、日米海軍とも艦隊決戦における補助兵力としていた点は同様であった。開戦後の戦争様相が、開戦前予想していたのと著しく変化したのに対し、日本海軍は…艦隊決戦思想に基づく潜水艦用法を転換することができなかった。…米海軍が日本の長遠な補給線に潜水艦戦を施行したのと対照的である。…用兵思想の転換の遅いことは、潜水艦だけでなく日本海軍の通弊であった」。

用兵思想、企業であれば経営戦略を練ることは重要だ。企業の理念の実現に向け、長期的観点に立って経営戦略を組み上げる意義は大きい。問題はそこに現場情報を的確にフィードバックできるかどうかであり、出来上がった戦略を状況の変化に応じて柔軟に転換することができるかどうかであろう。旧海軍に限らず日本型組織の場合、理念から演繹的に練り上げた思想や戦略が金科玉条となり、ドグマ（教義）化しがちな面があるように思う。一度ドグマと化すと、環境が変わっても転換不能となる。現実がこうだという事実認識とこうあるべきという目的追求の混交状態が改善されず、思想転換が遅れていく。

企業の経営戦略レベルの話でなくとも、企画部門主導で新規事業に乗り出すとき、計画自体は緻密に組み上げられていて成功する見込みが高そうなのに、現場の事業実施段階でトラブルが続出してうまくいかないことがある。後から事情を聴いてみると、事業実施部門の現場からは計画段階で問題点が指摘されていたにもかかわらず企画部門が重要視せず、経営陣に問題点が十分に伝えられれまま計画が決定されてしまい、その後の方針転換も困難になったというようなケースもある。これも理屈で考えた計画が企画部門でドグマ化してしまい、現場情報のフィードバックがうまくいかなかった例であろう。

他方、上記の末次の述懐にあるように、改革をなさんとするときには、今までの習慣とか経緯とか既成概念に捕らわれずに白紙から演繹的に理屈で詰めて改革案を練り、それを断行することが必要だ。要は、そこに現場情報を取り込んで柔軟に手直しすることができるかどうかだと思う。

〔現代・将来のリーダーへの提言〕

前章と本章において、漸減邀撃作戦に基づく日本海軍の潜水艦用法について論じた。日本海軍の潜水艦用法は、現代社会に生きる我々に深い含意を示す。

まず、戦略はその性格上演繹的に組み上げられるものであるが、希望的な前提に依存すれば現実から遊離する。演繹論から導かれる戦略の有効性を担保するには、現場情報の帰納が不可欠であり、リーダーは現場からの不断のフィードバックに努めなければならない。

いずれにせよ、戦略を練り上げることは重要だが、状況の変化に応じてそれを柔軟に転換することがさらに重要である。船舶、半導体、パソコン、家電、自動車等々戦後日本を支えてきた輸出産業の盛衰に照らして、その思いを強くする。若い世代には、「思想の転換の遅いことは、日本の組織・企業の通弊であった」と将来の史家に指摘されないよう、先人の失敗の教訓を学んでほしいと望むものである。

（注）海軍で終戦工作に従事した高木惣吉少将が著した『自伝的日本海軍始末記』（光人社）には、高木が海軍大学校を卒業する直前に末次作戦部長が来校して講話した際、漸減邀撃作戦に関する悩みを述べたという逸話が書かれている。講話の中で末次は、敵が予想の通り予想の海域に来るとは限らないこと、敵の進攻を迎え撃つには索敵が重要であり索敵には分散が必要だが、分散して索敵中の味方が集結して進攻してくる敵に遭遇すると、逆に味方が漸減されてしまう恐れが多いこと、初めから集結していたのでは漸減の機会もつかめず、もともと劣勢な味方の兵力では勝算が薄いことなどの問題を率直に披露した。高木は、「歴代の作戦部長がこれとおなじくらい、わが構想計画の根底まで掘り下げて追究をかさねたか疑わしい」

と末次を評価している。高木の記述から考えると、漸減邀撃作戦を完成させたのが末次であるとしても、これを転換できなかった責任について言えば、そのかなりの部分はその後の軍令部の幹部たちが負うべきだろう。

参考文献：前掲書のほか『日本海軍潜水艦史』（日本海軍潜水艦史刊行会）

19　居安思危《こあんしき》　思則有備《しそくゆうび》　有備無患《ゆうびむかん》

……順調な時に危機に備えよ

〔魏絳《ぎこう》の忠言〕

防災の格言としてしばしば紹介される「居安思危」の典拠は、『春秋左氏伝』襄公《じょうこう》11年（紀元前562年）の記述にある。『春秋左氏伝』は、魯国の太史（史官・暦官の長）左丘明が、散逸した魯国編纂の史書「春秋」の注釈書として著したものとされる。春秋も同左氏伝も紀年は魯公の在位年による。

襄公11年、中原《ちゅうげん》の侯国の一つ鄭《てい》は諸国の軍に囲まれたが、名君と謳われた晋の悼公《とうこう》に依《よ》って和議を得た。鄭は悼公に感謝するため、御礼に兵車や楽器・楽人を贈った。悼公はその楽器・楽人の半分を功臣魏絳《ぎこう》に下賜したが、魏絳は辞退した。そして悼公に、晋の勢威が永続するよう思いを尽くしてほしい旨願った。「居安思危《こあんしき》。思則有備《しそくゆうび》。有備無患《ゆうびむかん》。（安きに居りて危《あや》うきを思え。思えば則《すなわ》ち備え有り。備え有れば患《うれ》い無し。）」は、その時の魏絳の言である。読んで字の通り、順調な時に危機感を持って将来の危機に備えよということである。

〔事前に危機の認識を欠いた昭和の陸海軍〕

その2千5百余年後の第二次大戦中、日本陸海軍は正《まさ》しくこの警句を銘記すべきであった。（以下主に『戦史叢書』による。）

昭和18年7月、ニューギニア方面の日本陸軍航空作戦を担っていた第6飛行師団は、ニューギニア島北岸ウエワクに司令部を推進した。同月その上級司令部として第4航空軍が新設され、その下に第6飛行師団に加えて第7飛行師団が配属された。同師団はスマトラ、ジャワ方面から転用され、ウエワクに進出した。その結果、8月半ばウエワクには、第4航空軍隷下両飛行師団200機余の飛行機が、所狭しと充満していた。

当時ウエワク周辺には、連合軍側の飛行場が複数整備されつつあった。第4航空軍以下現地司令部は敵飛行場群を重大視しながらも、まだウエワクへの本格的空襲はないだろうという惰性的感覚で作戦指導していた。本来飛行機は、敵空襲で大損害を受けることのないよう分散して配置すべきであったのに、作戦上の必要性に気を取られてウエワクに詰めこんでいたのである。空襲警戒のための情報網にも不備があった。ここに8月17、18日敵の大空襲を受け、稼働機が30数機に減少する甚大な損害を受けた。

その後第4航空軍は、ウエワクから数百キロ西方のホーランジアに後退して優勢な連合国空軍と苦闘を続けていたが、19年3月30日、敵の大規模空襲を受けた。130機破損の大損害を受け、なけなしの航空戦力が半減する事態を招いた。敵機来襲の情報を受け、一旦全機発進して邀撃および空中退避の措置を取っていたところ敵機の来襲がなく、そこへ敵機動部隊発見の報があった。機動部隊攻撃準備のため、在空機をすべて着陸させ給油したところへの空襲で大損害を受けたのである。不運な面はあったが、航空情報網の不備、飛行機の分散掩護施設の未整備によるところも大きかった。同年2月に参謀総長を兼務した東條首相兼陸相は、かねてから「在地機の空襲被害は、不意を討たれて鯉口三寸を抜けなかった不心得の武士と同様」と厳しく戒めていた。前年のウエワク空襲に続く失態に、陸軍中央は第6飛行師団長、同参謀長、第4航空軍参謀長を更迭した。

他方海軍には、丁事件という大失態があった。中部太平洋トラック島の泊地は日本海軍の一大根拠地であったが、昭和19年2月17、18日米機動部隊の大空襲を受け、飛行機損失270機、艦艇及び輸送船沈没40隻の甚大な損害を被った。所在の航空兵力及び艦船はほとんど全滅したのである。

現地の防衛を担当する第4艦隊司令部は、2月15日の時点で敵機動部隊近接の兆候を察知しており、警戒配備を下令していた。しかし、16日の索敵で異常がなかったことから早々と平時配備に緩めたところへ攻撃を受けたのであった。警戒が解かれていたため、邀撃や退避行動に大きな遅れが生じた。加えて航空部隊では、直接第4艦隊隷下でない部隊が多く、指揮系統の混乱が被害を大きくした。また水上部隊でも、移動中に立ち寄っている艦船や荷役設備不良のため長期在泊を余儀なくされている輸送船が多数あり、命令や情報の伝達の不備が損害を一段と大きくした。

中央は現地の防衛体制に遺憾な点があったとして、第4艦隊司令長官を更迭の上予備役編入、基地管理担当の第4根拠地隊司令官も更迭した。さらに本件被襲を丁事件と称し、海軍省軍務局が原因及び責任を調査することとなった。しかし、調査の結果報告は、小兵力をもって大空襲に対処するのは誰が作戦指導をしても大同小異の結果であったろうという旨の生ぬるいものであった。飛行機の指揮系統に若干不備の点ありなどの報告もなされたというが、指揮系統の錯綜不明確や荷役設備不良による滞船などの問題は、危機対応の想像力を欠いた結果であるし、過早な警戒解除に至っては緊張感の欠如というほかない。戦局悪化の中で士気への影響を必要以上に考慮した感がある報告であった。

また一説には、空襲前夜、視察者の歓迎会や人事異動の送別会などで料亭等基地外に宿泊したため、被襲時の初動に後れを取った士官が少なくなかったといわれている。警戒を解除した司令部の責任は重大であるが、上記が事実とすれば各人も弛緩していたと言わざるを得ない。東條流に言えば「不心得の武士」であった。

ニューギニアの陸軍もトラック島の海軍も、空襲が現実の脅威になる前にその危険を認識すべきであった。そして被襲時を想定し、必要な体制、マニュアル、施設などを整えておくべきであった。その上で実戦的な情報収集、哨戒、連絡、邀撃、退避の訓練を繰り返し、緊張感を欠くことがなければ、損害は局限化できた。「居安思危」の意識がなかったのである。

『春秋左氏伝』は日本でも早くから読まれており、明治以降も福沢諭吉や夏目漱石など多くの知識人が愛読したというが、昭和の軍人たちは丁寧に読まなかったようだ。

〔現代・将来のリーダーへの提言〕

現代の企業経営にあっても、順調な時に危機感を持って将来の危機に備えることは極めて重要である。典型的には、大地震やパンデミックなどへの対応であるが、企業を取り巻く様々な経済環境の変化に緊張感をもって備えていかねばならない。言うは易いが、行うのは難事である。

多くのリスクは想定外とは言えないものである。株価にしても地価にしても急騰することもあれば急落することもある。ある意味当然である。しかし、1990年代のバブル期に、バブル崩壊後の株価や地価の大幅下落のような事態を想定して備えることができた企業がどれほどあったろうか。資本市場からの資金調達は常に順調なものではない。これまた当然のことである。2008年のリーマンショック後の社債・CPの発行困難に備えて、あらかじめ銀行借入余力を増やして資金繰り対策を講ずることができていた企業がいかほどあったろうか。いや、昨今の欧米の金利上昇のように、具体的な時期はともかくいずれありうることが容易に予想できる事態に対しても、多くの金融機関は対応に苦慮している。

人権問題やコンプライアンスの問題が企業にとって命取りになりかねない重大なものであることは、論を俟たない。しかし、近時のいくつかの事例を見ると、危機感のない対応がなされていたと言わざるをえないように見える。殷鑑《いんかん》は遠からず。我々は、ニューギニアの陸軍やトラック島の海軍の事例の示す教訓を学ぶべきであろう。

変化の速い現代の経済社会では、様々なリスクを前広に意識し、リスクが顕在化する前に備えることが求められる。現代のリーダーたちには、『左氏伝』は読まずとも、時に「居安思危《こあんしき》」と小声で唱えてもらいたいと思う。そして、順調な時に想像力を駆使して危機を想定し、将来の危機に備えよと自戒してもらいたい。

＊　日本刀を抜く際はまず親指で鍔《つば》を押して鎺《はばき》という金具の部分を外し、いつでも抜ける状態にする。この動作を「鯉口を切る」という。「鯉口三寸を抜けなかった」とは、不意を突かれて抜刀する態勢もとれずに斬られたとの意であろう。

参考文献：『春秋左氏伝』岩波文庫、『新釈漢文大系　春秋左氏伝』明治書院

20　長篠の合戦

……武田勝頼は、兵力劣勢で腹背に敵を受ける不利の中、何故決戦を選んだのか

〔長篠合戦前の武田方軍議〕

天正3年（1575年）5月、三河国長篠城をめぐり織田信長・徳川家康連合軍と武田勝頼軍が、長篠の西方連吾《れんご》川の河原、有海《あるみ》原《はら》で戦った。世に言う長篠の合戦である。

天正2年武田勝頼は美濃の明智城、遠江の高天神城を攻略し、織田領、徳川領に攻勢をかけた。高天神城は父信玄が落とせなかった要害であり、勝頼は武名を高めた。翌3年には三河の足助城、野田城を奪い、4月には長篠城を囲んだ。守将奥平貞昌は急を主君徳川家康に知らせ、家康は同盟する織田信長に援兵を要請し、織田軍3万、徳川軍8千は、5月18日有海原に布陣した。武田側は上杉謙信への抑えに1万余の兵力を甲斐・信濃に残し、三河へは1万5千で出陣していた。武田方は長篠城を見下ろす高地に布陣し、同城を包囲して鳶ケ巣《とびがす》山砦《やまとりで》などを構築した。織田・徳川方は、高地に陣取る武田軍を攻撃することは地形的に不利と見て、低地に柵、空堀、土塁を築いて敵の進出を待っていた。

織田・徳川連合軍の出動を知った勝頼は軍議を開いた。『甲陽軍鑑』によれば、重臣の馬場美濃（信豊）、内藤修理（昌秀）、山県三郎兵衛（昌景）、小山田兵衛尉、原隼人（昌胤）が、「兵力的に不利である上、腹背に敵を受けることになる」と、合戦を避けるよう種々諫めたが、長坂釣閑《ながさかちょうかん》や跡部勝資が決戦を主張し、勝頼は決戦論を採った。それを家宝御旗《みはた》、楯無《たてなし》の前で誓《せい》言《ごん》したので、絶対の決定となったという。御旗とは平安期の源氏の棟梁源頼義《みなもとよりよし》が後冷泉天皇より下賜された日の丸の旗であり、盾無とは頼義の子で武田家の祖新羅《しんら》三郎義光以来相伝の鎧である。武田家では出陣に当たり「御旗、盾無、御照覧あれ」と必勝を誓う慣例であった。

〔勇猛武田勢の大敗〕

決戦を決断した勝頼は3千の兵を長篠城包囲に充て、5月21日早朝1万2千の兵を率いて3万数千の織田・徳川方の待ち受ける有海原に進んだ。重臣たちは敗戦を覚悟し、水杯で訣別したという。織田・徳川方は、前日数千名の別動隊を放って武田方の鳶ヶ巣山砦を夜襲し、長篠城へ援軍を入れ、周囲の武田軍を攻撃した。後方が脅かされた武田方は、遮二無二正面決戦を挑まざるを得なくなった。

勇猛で鳴る武田勢は、まず一番隊の山県昌景隊が突撃したが、1千挺とも3千挺ともいわれる織田・徳川の鉄砲隊に散々に撃たれて退いた。二番の武田信廉《のぶかど》隊、三番の小幡憲重隊、四番の武田信豊隊、五番の馬場信春隊と入れ替わり立ち代わり攻め寄せ、一部の柵を突破したが、柵や土塁の陰からの射撃に甚大な損害を被り、結局退却した。

事前に信長は「柵の外に出て戦うべからず」と命じていたという。今後の対本願寺戦のために自軍の損害を極力避けたかったのである。そのために、野戦築城した戦場に武田軍を誘い込み、鉄砲隊中心の陣地防御戦闘としたのであった。これにより、経済力に物言わせて大量に装備した鉄砲の威力を、最大限に発揮した。信長は、大勢が決するまで柵を出ての攻撃を戒める一方、敵の組織的戦闘力が失われたとみるや総攻撃に転じ、武田軍に壊滅的損害を与えた。武田方は、馬場信春、内藤昌豊、山県昌景、原昌胤等の有力武将が討死し、過半の将兵を失い、勝頼は辛うじて戦場を離脱した。一方、織田・徳川方の損害は僅少であった。

〔勝頼の決断の背景〕

さて武田方の軍議に話を戻そう。重臣たちは、兵力の大差に加えて長篠城の徳川軍に背後を突かれる危険から撤退を主張した。長坂と跡部の決戦論は、三河侵攻以来の戦局が有利であるからのものだが、勝頼の意を酌んだものでもあろう。勝頼は何故決戦を志向したのだろうか。

まず敵戦力の過少認識が考えられる。長篠城救援に来た織田・徳川方が高地の武田軍を無理攻めせず有海原に誘い込もうとしているのを、退嬰的行動と誤認した可能性が高い。また織田側には、自軍の兵力を少なく見せる情報戦を展開したふしがある。加えて勝頼には、前年来織田・徳川との局地戦で連勝してきた自信もあったろう。

もう一点、武田家の内部事情を指摘する向きもある。勝頼は信玄の四男で、母は側室諏訪御《すわご》寮人《りょうにん》である。諏訪御寮人は、信玄が滅ぼした諏訪頼重の娘であり、信玄が諏訪支配のため側室にした女性であった。勝頼は諏訪家の名跡を継ぎ、諏訪四郎勝頼として伊那の高遠城主に任ぜられ、分家の立場だった。ところが、武田家嫡男の異母兄義信が父と不和になり廃嫡される事件が起きた。盲目の次兄は出家しており三兄は夭逝していたことから、急遽勝頼が信玄の後継者となったのである。高遠から甲府に移り武田姓を名乗るのは信玄死去の1～2年前という。武田一族や信玄の家臣団には勝頼を素直に当主と認めがたい空気もあったろうし、彼らと高遠以来の勝頼子飼いの家臣団の間に微妙な関係もあったろう。勝頼としては、早く信長・家康に勝利して家中に権威を確立したいという気持ちが強かったのではなかろうか。勝頼の立場からすれば無理ないかもしれないが、かかる主観的な動機は往々にして戦略・戦術上の判断を曇らせがちだ。

〔現代・将来のリーダーへの提言〕

現代の企業においても、長篠の合戦における勝頼の判断の事例は大いに参考になると思う。経営上の重要な判断に、当事者の名誉欲や権力欲あるいは内部の党派的要素などが絡んでくると、深刻な判断ミスを招きかねない。経済団体の要職に就きたいから世代交代を遅らせる、トップ在職中に海外進出したいがために準備不足のM&Aを強行する、出身部門に過大な配慮をして事業重点の判断を誤る…。近時にもそのような判断ミスの事例はいくつもあったのではないだろうか。リーダーたる者、重要な決断に主観的な動機が絡むと誤判断を招くと肝に銘じてもらいたい。

＊ かつて長篠の合戦といえば、鉄砲3千挺三段撃ちの新戦法で武田騎馬隊を壊滅させた画期的戦闘と評されていた。近時では、当時の火縄銃の性能からして、三列横隊の鉄砲隊が一列ずつ一斉射撃を繰り返す三段撃ちは考えにくいとされている。武田騎馬隊に関しても、明治以前の日本に騎馬だけで集団突撃する戦術が存在したのかと問われている。しかし当時の合戦において鉄砲数に劣る側の対抗策は、歩騎を問わず刀槍による突撃戦法であり、これが一定の効果を挙げていた。そういう時期にあって、信長は、鉄砲の大量装備と突撃を阻害する野戦築城の組合せという新発想により武田軍の波状突撃戦法を粉砕し、自軍はわずかしか損なわずに大損害を与えたのである。高く評価されるべきだろう。

参考文献：『信長公記』（和田裕弘著、中公新書）、『織田信長』（池上裕子著、吉川弘文館）、『長篠合戦と武田勝頼』（平山優著、吉川弘文館）、『武田勝頼』（笹本正治著、ミネルヴァ書房）、『武田勝頼のすべて』（芝辻俊六・平山優編、新人物往来社）、『信長年代記』（増原驍著、叢文社）

21 軍旗と台所

……軍旗先頭の突撃の前に、裏方の心配屋たちの声を聞け

〔帝国陸軍における軍旗神格化の功罪〕

前章で、武田勝頼が長篠の合戦にあたり、家宝御旗《みはた》、楯無《たてなし》の前で誓言したことを述べた。御旗は要するに軍旗である。古来軍旗は指揮官の所在を示すとともに軍隊の象徴として用いられ、神聖なものとされてきた。中でも明治以降の帝国陸軍においては、軍旗は大元帥たる天皇の分身とされ、武田家の御旗級かそれ以上に神格化された。帝国陸軍では、軍旗は歩兵連隊及び騎兵連隊に宮中で天皇から親授され、軍旗に対しては天皇に対するのと同様の敬礼が行われたのである。連隊旗手は新任少尉中の成績最優秀者が務め、警護のため軍旗衛兵が付された。戦地では軍旗守護のために軍旗中隊が編成された。

こうした大日本帝国陸軍における軍旗神格化の背景には、「寡を以て衆を撃つ」ことを期せざるを得ない貧乏国陸軍の宿命があったという見方が可能であろう。仮想敵国ソ連は兵力、装備、国力いずれも我に数倍する。これに対するには、精神力など物力以外の無形的要素の最大

限発揮を図る他に途はなく、かかる観点からみれば、軍旗には部隊団結の精神的支柱という大きな意義があった。

他方弊害もあった。例えば軍旗の喪失問題である。明治10年の西南戦争では植木の遭遇戦で、歩兵第14連隊旗手河原林少尉が戦死し軍旗が西郷軍に奪取され、連隊長心得乃木希典少佐は待罪書を送り処分を求めた。しかし、軍旗喪失は不可抗力とされ軍旗は再授与された。建軍間もない時期であり、かつ乃木は有力な長州閥だったから不問に付されたのだろうが、軍旗神格化が頂点に達した昭和陸軍であれば自決は免れなかったであろう。

日露戦争では、陸軍後備近衛歩兵第一連隊本部を乗せた輸送船常陸丸が露国浦塩《うらじお》艦隊に撃沈される事件があった。連隊長須知源次郎中佐は、軍旗が敵に鹵獲《ろかく》されないよう軍旗奉焼の後、自決した。

昭和14年（１９３９年）のノモンハン事件は、ソ連と満州の西部国境の小規模な国境紛争が中央の統制不全のために想定を超えて拡大し、大規模な戦闘となったものである。日本軍２万名弱、ソ連軍２万数千名の死傷者を出した。同事件では第23師団の２個連隊が壊滅した際に、連隊旗二旒《りゅう》が失われた。これ以降日中戦争や太平洋戦争では、激戦が予想されると軍旗の喪失を恐れて軍旗を後方に避難させるような、本末転倒の事態もしばしば生じたという。

〔裏方である陸軍省軍事課の冷静な指摘〕

より大きな弊害は、軍旗の神聖化に伴う作戦指導の硬直化である。昭和17年8月の一木支隊のガダルカナル島への投入に関しては以前にも言及したが、『戦史叢書』によれば、歩兵第28連隊基幹の同支隊投入という大本営の方針に対し、陸軍省軍事課には「補給、増援至難な絶海の孤島に、陸上の決戦が生起する算なしとしないこの場合、ノモンハン事件の再現を見るようなことはないか。小兵力とはいえ『軍旗を奉ずる』一木支隊の戦闘加入は今後の作戦指導をいちじるしく硬直化させるのではないか」という反対意見があった。しかし大本営側は楽観論が大勢で、ただちに一木支隊投入ということとなった。

以前述べたように、大本営の敵兵力の算定は過少であり、実際の米軍兵力は海兵隊1個師団1万数千名であった。機関銃と鉄条網で築城された敵陣地に銃剣で突撃した一木支隊第一陣900名は全滅し、歩兵第28連隊軍旗は失われた。

現地の第17軍は、当初、短兵急なガ島攻撃に警戒的であった。しかし「軍旗を奉ずる」一木支隊の攻撃失敗後は、大本営は勿論第17軍も「ガ島奪回は『国軍の名誉にかけても』完遂せざるべからず」という姿勢となった。ガ島への補給、増援は困難を極め、船舶、艦艇、航空機に多大な損失を被りながら、川口支隊（歩兵第35旅団基幹）、第2師団、第38師団と逐次投入したが、三次にわたる総攻撃はいずれも失敗した。軍事課の指摘が正しかったのである。

陸軍中央には、陸軍省、参謀本部、教育総監部の三官衙《かんが》があり、陸軍省は予算、装備調達、人事管理など軍政を、参謀本部は作戦計画の立案など軍令を、教育総監部は教育を担当した。参謀本部は、戦時に大本営が設置されると大本営陸軍部となる。陸軍省中枢の軍務局には、一般軍政と予算を担当する軍事課と、国防政策を扱う軍務課の2課があった。一般企業であれば、軍事課は財務・経理・総務部門、軍務課は企画部門、参謀本部は事業総括部門、教育総監部は人材育成・各種マニュアル作成部門といったところであろうか。

軍事課が前記のような冷静な指摘ができたのは、課長以下課員の資質もあろうが、同課が陸軍の台所を預かっており、陸軍内での予算配分や大蔵省主計局との予算折衝を通じて、計数的な根拠に基づく議論が不可欠な部門であったことが大きかったのではないか。

現代の組織にあっても、旧陸軍の軍旗的なもの、すなわち組織の連帯の象徴的なものは、企業理念だったり、創業以来の社訓だったり様々であろうが、一定程度有用であると思う。組織の総合力発揮の上で無形的要素は無視できない。他方、神格化されたりすれば有害にもなることは、上述の軍旗の例に見る通りである。

また、かつての陸軍の中で軍事課がそうだったように、現代の組織にあっても財務・経理部門が、最も客観的冷静に組織の現状や実力を認識している面があるように思う。事業会社では、財務経理部門は裏方扱いされることもあるかもしれないが、読者諸兄姉におかれては、台所を預かる立場の見解には十分注目していただきたいと思う。

〔現代・将来のリーダーへの提言〕

組織において台所を預かる人たちはいわば職業的心配屋である。政府の財政当局やそこと折衝して予算を確保する立場の各省の会計課の職員がその典型だが、企業であれば財務経理部門の人たちがこれにあたるだろう。事業資金の償還確実性に始まり、在庫の水準は適正か、設備投資のペースが企業の体力に照らして速すぎないか、投資先のバランスシートの中に隠れた不良資産が紛れ込んでないか、等々これでもかとばかりに心配を投げかけてくる。事業部門からすれば、そんなことまで心配していたら事業が進まず収益が上がらないと言いたくなるが、財務部門の側からすれば銀行に説明して融資を引き出し、ＩＲに努めて投資家に株を買ってもらわなくてはならない。銀行は預金者から預かった金で融資するわけだし、投資家も身銭を切って株を買うわけだから、あらゆる角度から疑義を問うてくる。そういうプロセスを経て資金調達する財務部門が心配屋になるのは当然だし、その心配にはもっともなことが多い。

勿論事業を推進して収益を伸ばしていくためには、軍旗を先頭に突き進む勢いも重要である。しかし、「突撃にぃー、進めぇー」と号令をかける前に、まず職業的心配屋の判断をじっくり聞いてみることが大切であろう。

＊ 二・二六事件の際には、「勅命下る　軍旗に手向かふな」と書かれたアドバルーンを揚げ、「兵に告ぐ。…軍旗の下に復帰するようにせよ…」とラジオ放送で反乱将兵に帰順を促した。

＊＊ 日本海軍の軍艦旗は、海軍艦艇の象徴ではあったが、船舶の国籍を示す役割から常に鮮明である必要があり、随時交換される消耗品と位置付けられていた。この点、宮中で親授されて原則再交付されず、歴戦の弾雨で旗が破損して周囲の房だけになることも少なくなかった陸軍の軍旗とは異なる。

22　下に臨むに寛なり

……池田輝政の人事政策

〔西国将軍池田輝政〕

我が国を代表する美しい城郭といえば、姫路城であろう。白鷺《しらさぎ》に例えられる優美な城は、昭和6年国宝に指定され、平成5年12月には、法隆寺とともに日本初の世界文化遺産に登録された。現存する大天守は、関ケ原後初代姫路藩主に封ぜられた池田輝政が、慶長6年（1601年）から9年かけて同城を大改築した際に建造されたものである。

池田輝政は、織田信長の乳兄弟にして重臣であった池田恒興の次男である。父や兄とともに信長に仕え、本能寺の変後は秀吉の幕下《ばっか》に参じた。秀吉が徳川家康と戦った小牧・長久手の戦いで父と兄が討死したため、家督相続して美濃大垣藩主となり、その後秀吉の全国平定に従軍し、その信頼を得て三河吉田15万2千石に移封される。秀吉の仲介で家康の娘督姫を継室に迎えた。秀吉死後は加藤清正、福島正則等の武断派に与し、文治派の石田三成と対立した。関ヶ原合戦では東軍に属して岐阜城を攻略し、戦後姫路52万石に加増移封された。二男忠継の備前

28万石、三男忠雄《ただかつ》の淡路6万石を合せると一族で86万石を領し、「西国将軍」と称されたという。慶長13年（1613）50歳で没した。

〔輝政の行届いた慰留に部下は忠節を誓った〕

『名将言行録』によれば、輝政は「幼にして倜儻《てきとう》（不羈《ふき》にして闊達《かったつ》なこと）、長ずるに従って雄偉、人となりは剛直にして、下に臨むに寛」であった（以下同書による）。

「下に臨むに寛」であった輝政の逸話を紹介したい。ある臣下が寝ている間に、両刀を盗まれてしまった。家中の者たちが「心がけが足らぬからだ」と嘲弄《ちょうろう》したので、その者は仕方なく暇を乞うた。輝政はこれを聞き、その者を呼んで言った。「寝ている間に刀脇差を盗まれたのは油断したからだと、人々が嘲笑するので職を辞したいと言う気持ちは理解できる。しかし、刀脇差を盗まれたことを気にすることはない。日本無双の勇士と称された（源義経の家臣の）佐藤忠信《ただのぶ》を考えてみればわかる。（兄である将軍頼朝に追われた）義経が吉野山の法師たちに取り囲まれたとき、忠信は義経の鎧を着て義経だと名乗って戦い、その隙に義経は落ち延びた。忠信は多くの敵を切り払いぬけて都に上り、かつて相通じていた身分の低い女のもとで休んでいた。ところが、女が謀《たばか》って酒を勧め、忠信が酔い臥している隙に太刀を隠してから、鎌倉方に訴え出た。そこで、糟谷有季《かすやありすえ》が大勢で押し寄せて討ち取ったのだ。忠信ほどの武士が用心しないわけがない。それでも寝入った隙に刀を取られたのだ。これは忠信の恥にならぬ。恥どころか、今でも彼の武勇は天下に隠れ無きものだ。その方《ほう》も、盗まれはしないかと、いつも用心しているわけでもなかろう。少しも気にする必要はない。そうした深い考えなしに罵る者があれば、探し出して必ず処分する。わしがこのように申す以上はそのまま奉公して、何か事が起こった時、その意趣を顕わし、目に物見せてやれ」。

見事な慰留である。単に「苦しからず（気にするな）」と言うのではなく、佐藤忠信の例を引いて理由付けしてやり、今後の奮起を期待したのである。刀を盗まれた臣下は感涙にむせび、心中に命懸けの忠節を深く誓ったであろう。

もう一つ例を引く。土井周防《すおう》は世に知られた武功の者で、輝政は5千石の大禄を与えていた。その周防が夜道を馬で通った時、何者かが松の陰から走り出て、周防の左の股を斬って逃げ去った。馬が驚いて躍り上がったので、周防は股の傷のため落馬した。従者が犯人を追ったが、真っ暗だったので行方が分からない。周防は傷で追うことができず、駕籠《かご》で姫路に帰ってきた。家中の者は彼を謗《そし》った。輝政はこれを聞き、近臣に「周防のことで家中はどのように言っていたか」と尋ねた。一同答えられずにいると、輝政は「なぜ本当のことを答えないか」と言った。近臣は「首尾よろしからずと皆謗っております」と答えた。輝政は「さもあろう。…わしは、周防が股を斬られた件によって、ますます彼の武勇が顕れたと思っているので、彼を旧に倍して重んずるつもりだ。そのわけは、犯人はまともに斬りあっては成功おぼつかなしと思って、暗夜人がいないのを幸いに斬りつけたが、二刀とは手が出せなかった。これは周防の威に圧倒されて逃げ去ったということだ。…周防が並みの士ならば誰がこんなに怖れるであろうか。股に傷を負い、馬が躍り上がれば落ちるのは当然で、それを卑怯というべきであろうか。犯人が俊足の者ならば、白昼でも追いつけない。まして暗夜である。追いついて斬ることができなかったことを臆病というべきであろうか。このようなことは、武道を学ばぬ者が言うことである。…お前たちも、巷説《こうせつ》に惑って道理を誤ることのないようにせよ」と言った。家中は静まり、周防は骨身に沁みてかたじけなく思ったという。人の上に立つ者はかくありたいものだ。誰しもこういう上司にお仕えしたいと思うだろう。

〔士を養うに費用を惜しまず〕

輝政は、名士を招き、士を養うことに費用を惜しまなかった。常に「大国に封じられた者は、厚遇に応えるには、多くの士を育てる他にない。だから自分の娯楽を抑え、その財を充てるのだ」と言っていた。従って輝政の生活はすべてに倹素であった。重臣が、「少しは楽しみがあってもしかるべきでありましょう」と勧めても、「無益の出費を省き、有事に備えて士を多く抱えることがわしの楽しみである」と応じたという。

〔現代・将来のリーダーへの提言〕

近時企業経営に関して、ヒューマンリレーションズや従業員エンゲージメントなどの概念が論じられるようになった。人材のことを「人財」と表記することも多い。池田輝政が生きた時代は、戦国末期から江戸初期であり、君臣の関係については、上下関係を絶対とする朱子学全盛の江戸中期以降とは多少異なる時代であった。主従関係は一方的片務的なものではなく、家臣の側が、待遇や主君の言動が気に入らなければ、致仕して他に仕えることも当然とされていた。輝政の行届いた慰留に感泣した部下たちは、何があろうと決して輝政の下を離れなかったと思う。

今日のリーダーたちも部下を慰留することがあるだろう。その際、慰めるだけでなく、理由付けまで用意するほどの配慮ができたろうか振り返ってもらいたい。あるいは、自らは質素倹約に努めて、有事に備え士を養うことができているか省みてもらいたい。

本格的な人口減少時代に入り、人材はますます重要になっている。新卒一斉採用・終身雇用の時代から、転職によるキャリアアップが一般的な時代に変わりつつある。輝政の逸話は、今日にも大いに参考になるのではないかと思う。

参考文献：『定本名将言行録』（岡谷繁実著、人物往来社）、『名将言行録』（岡谷繁実原著、北小路健・中澤惠子訳、教育社）

23 事務方の限界

……リーダー不在が事務方主導となり、事務方の細心さが結果的に短慮を招いた

〔ガ島戦況についての各級責任者の認識の相違〕

太平洋戦争の天王山であるガダルカナル島攻防戦には以前も言及したが、重ねて論述したい。一木支隊、川口支隊の攻撃失敗後の昭和17年9月、同方面担当の第17軍高級参謀に小沼治夫大佐が発令された。同大佐に対して、参謀本部において、服部卓四郎作戦課長から状況の説明があり、田中新一作戦部長、田辺盛武参謀次長、杉山元参謀総長より注意があった。以下その概要を『戦史叢書』から摘記する。ガ島戦況についての各級責任者の認識の相違が興味深い。

作戦課長「…敵として後方準備不十分な現在…敵の本格的決戦は昭和19年」（同課長の説明の趣旨は、「米軍の本格的反攻は明後年と見込まれる。今般のガ島反攻は牽制作戦だから恐れるに足らない。従って第17軍はガ島奪還作戦を可及的速やかに実施してほしい」ということだと思われる）。

作戦部長「本格的に四つに組む戦法たるを要する。…今まで敵情、地形、敵の戦法等不明の

まま戦闘してきた…」

参謀次長「兵力の逐次使用は不可。攻撃開始期日は具体的根拠（物的戦力）に立脚せよ。…一般に近代戦に関する観念不足の感がある」

参謀総長「ガ島は日米の決戦場であるから、必要ならばどんなことでもする決意である。…必要なものは遠慮なく要求せよ」

二点読み取れるだろう。一つには、事務方が最も戦局を楽観視し、上級者ほど深刻に捉えていることだ。上級者は大局をつかんでいたとみることもできるし、中央の事務方は、経営資源の制約や方針転換を部内説得する困難性を意識するので、無理にでも戦局を楽観視しがちというこことかもしれない。

もう一つは、上級者の発言は観念論としてもっともだが、兵力、輸送、制空などの裏付けがあったのかという点である。上級者は実情を十分認識しておらず、それが故に実際の作戦指導は課長クラス主導で進められたのではなかろうか。なお、小沼大佐は後に「東京で脳裏に描いた状況と現地の実情とはあまりにもかけ離れていた」と回想している。

〔上級者の不勉強〕

上級者の不勉強は、旧軍の悪弊であったようだ。エリート軍人の多くは難関の陸軍大学校や海軍大学校の卒業者であり、若い頃は猛勉強したはずなのだが、昇進するにつれ過去の蓄積だけに頼る者が多かったらしい。陸軍省で長く軍事課に在籍した西浦進は、その著『昭和戦争史の証言　日本陸軍終焉の真実』（西浦進著、日経ビジネス人文庫）で上級者の不勉強を嘆いている。「…陸軍省の予算省議における局長級の不勉強振り…自分の局の仕事とは知らず、他の局の担任と思って予算削減を強硬に主張し、あとで之を取消す…。師団長、旅団長級の指揮官で…部下将兵の数を知らないものの多いのには一驚した。細部はとも角、自分の部下が1万5千なのか、2万なのかもはっきりつかんでいない将軍が少なくない…」。

これについては、上級者は将帥の器量があればよいので、実務は下僚が支えればよいという考え方もあるかもしれない。しかし、上級者の不勉強は、責任や権限のない者が事実上采配を振るう幕僚統帥の弊を招きがちだ。また、矩《のり》を弁えた立派な下僚であっても、下僚すなわち事務方の判断には一定の限界があるように思う。

〔事務方の限界〕

事務方は有能であるほど、物事を計画的に遺漏なく進めようとする。そこに問題が潜む。前述の西浦はその談話記録（『昭和陸軍秘録』日本経済新聞出版社）で、開戦前に国論が南進論と決したことに関して次のように述懐している。

「軍事課として南進すべきと考えているわけではないが、…可能性があるから、軍として南方作戦の検討だけはしておく必要がある。…もっと南方に着目して具体的な作戦を検討しておくべきだという作文をして関係者に配り、…検討を求めた。南進論を主張したわけではないが、結果的に口火を切る形となり、その後参謀本部主導で南進論が国策化された。南部仏印進駐の結果、米国の対日石油禁輸を招き、…毎日毎日石油の備蓄が減っていく中で、半年経ったらそれだけ不利になるから、和戦いずれにせよ早く解決しなければならないという気分だった。(＝交渉が長引くなら早く開戦した方が、不利が小さいとの意か。)エリート軍人は陸軍大学校で…計画的にやることを教えこまれていて、『石油が減っていってもいずれは世の中にいいこともあるのだから、1年間我慢していよう』という哲学は持っていなかった」。

有能な事務方ほど、想定される事態に漏れなく準備したい、最悪だけは避けたいと前広に考える。それがゆえに、気づかないうちに「待っているうちに石油が枯渇すれば、戦わずして日本が滅ぶ」「ジリ貧になって滅ぶぐらいならわずかでもチャンスのあるうちに一か八かの勝負に出るべきだ」というような悲観主義・冒険主義にはまりがちだ。そういう場面で「待てば海路の日和あり」と諭して皆を落ち着かせるのは、事務方ではなくリーダーの役割である。いうまでもない事だが、事務方が呑気に「そのうち何とかなるだろう」と思考停止するようでは話にならない。事務方にはあらゆる可能性・選択肢をしっかりと詰めさせる必要がある。詰めさせる一方で、自暴自棄にならないよう制御して常識的判断を逸脱しないようにするのがリーダーなのである。

極論すれば、当時の我が国はリーダーに人を得なかったから、陸海軍幹部の大半は米国に勝てる自信がなかったにもかかわらず、「短慮で臆病な男が、あわてて刀を抜いて切りかかって」いくようなことになったのである。（＊）

昭和16年11月1日の大本営政府連絡会議で、賀屋興宣蔵相や東郷茂徳外相は、米国からの日本侵攻は考えられないとして臥薪嘗胆策・対米避戦論を主張した。これに対し、海軍統帥部トップの永野修身軍令部総長は、「来《きた》らざるを恃《たの》むこと勿れと言ふこともある」と述べ、石油の備蓄が底をついてから戦争になっては不利になる旨を主張している（『杉山メモ』参謀本部編、原書房）。これは、上述の有能な事務屋のはまりがちな悲観的冒険主義の発想ではなかろうか。せいぜい課長クラスの発言と評したくなる。

余談ながら、永野は日頃、「課長クラスが一番よく勉強しておる。局長クラスは忙しいと見えて勉強する暇がないようだ。わしは課長クラスの意見を採用する」と発言していたという（『日本海軍４００時間の証言』ＮＨＫスペシャル取材班著、新潮社）。永野も優秀な軍事官僚だったのだろうが、リーダーの器ではなかったようだ。

繰り返しになるが、事務方の軍事官僚たちの細心さと形式論理的緻密さが、結果として短慮に繋がった面があったことは否めない。しかし、それは大局に立って決断するリーダーが我が国には不在であったということの裏返しであった。賀屋蔵相や東郷外相が主張したように、日米交渉が不調であっても先に米国から侵攻してくることは考えにくい。臥薪嘗胆策といっても薪の痛さや胆の苦さには幅がある。米国の対日石油禁輸は厳しいが、日本側の譲歩次第で禁輸解除の途はあるし、欧州の戦況や米国の世論如何で状況が変わるかもしれない。そういう常識的判断に立って、リスクを必要以上に恐れず、慌てず落ち着いて決断できるリーダーがいなかった。残念なことである。（＊＊）

翻って現代の我が国の各種組織にあって、同様の弊がないか、あらためて省みるべきであろう。日本の組織では、出世するためには若い頃猛勉強する必要があるが、一度大幹部になると行事や社交・接待に追われて勉強する暇がなくなる傾向がある。よほど心しなければ、気づかぬうちに、不勉強で知識が古いのに根拠のない自信だけあって定見がない、そんな幹部になってしまう。

読者諸兄姉の周囲を見渡して、そういう上級者はいないだろうか。あるいは、事務的なことはやたらに詰めるが大局観と責任感がないという上級者はいないだろうか。もし諸兄姉が、不幸にしてそういう上級者を支える事務方の立場であるならば、まず事務方の判断には限界があることを十分に認識した上で、大局観あるリーダーであればなすであろう判断に向けて上級者を誘導するほかない。

〔現代・将来のリーダーへの提言〕

上述のように、リーダーが機能しないと事務方依存になるが、事務方には事務方ゆえの限界がある。優秀な事務方ほど、細心であり、形式論理的に緻密である。普段はそれでうまくいくのだが、ぎりぎりの厳しい場面ではこの細心さ緻密さが結果として悲観的冒険主義の陥穽に嵌ることがある。リーダーはこういう事務方の限界を踏まえて、ぎりぎりの場面でこそ、リスクを必要以上に恐れず、慌てず落ち着いて決断しなければならない。

＊　小野田捨次郎海軍大佐の戦後の回顧（『日米開戦70年―日本指導者の論理と決断』森山優著、『日米開戦と山本五十六　日本の論理とリーダーの決断』歴史読本編集部 編、新人物往来社に収録。）

＊＊　我が国が無謀な対米英開戦したことについて、陸大卒の思いあがったエリートが神懸かり的な強硬論を押し通したというような解釈を目にすることがある。そういう人物もいたかもしれないし、軍人である以上「必勝の信念」的建前はあっただろうが、陸海軍の中央官衙の中枢に勤務するエリート軍人の多くは、米国に勝てる自信がなかったのではないかと思う。上述の事務方としての細心さと、自分の部局・立場としてはこう言わざるを得ないというポジショントークの積み重ねが、結果として短慮につながったのではないかと考えている。

24　ガリポリの戦い

……チャーチルの生涯最大の失敗

〔ガリポリの悲劇〕

古今東西の指導者の中で、危機時のリーダーとして評価が高いのは、英国のウィンストン・チャーチルであろう。第二次大戦勃発後、困難な戦局下1940年5月首相に就任したチャーチルは、不屈の信念と力強い雄弁で国民の士気を鼓舞し、政戦両面を精力的に指導した。ルーズベルトと信頼関係を構築し、スターリンとも連携して連合国側の勝利に貢献した。

その彼の生涯最大の失敗は、第一次大戦時に海相として主導したガリポリの戦いだろう。ダーダネルス海峡に面するガリポリ半島の海陸における連合国と独墺側トルコの間の戦いである。

第一次大戦初頭、当時海相のチャーチルは、西部戦線の膠着打開と露国支援を目的として、ダーダネルス海峡突破によるトルコの首都イスタンブールの攻撃を主張した。政府や陸海軍には、成功を危ぶむ声や対独戦に集中すべきとの声が強かったが、彼はこれをはねのけ持論を推進した。当初陸軍は西部戦線以外への兵力投入に消極的であったため、チャーチルは海軍のみによる海峡突破を決定した。海軍制服組トップのフィッシャー軍令部長は見解を異にしたが、公然と海相チャーチルに逆らうのをはばかり、反対しなかった。

大戦2年目の1915年2月、英仏海軍が作戦を開始した。旧式戦艦中心の英仏艦隊がトルコ軍要塞への艦砲射撃を実施したが、要塞重砲、機動野砲、沿岸発射型魚雷、機雷による反撃に遭った。3月18日には、機雷等により旧式戦艦が一挙3隻沈没、3隻大破という大損害を被り、現地の海軍司令官は作戦を中止した。退役近い旧式戦艦など惜しくないとするチャーチルは作戦強行を主張したが、結局両国は海軍だけでの海峡制圧を断念し、陸上部隊で敵要塞群を攻略して半島を掌握する方針に変更した。

英、仏、豪、ニュージーランドの各軍は4月25日に半島各地に上陸したが、独陸軍のザンダース将軍が指揮するトルコ軍は勇戦した。若き日のムスタファ・ケマル（近代トルコ建国の父）の活躍もあって連合軍は内陸部へ進出できず、結局翌年1月までに撤収した。ガリポリの戦いで連合軍は50万名の参加兵力中25万名の戦死傷者を出した（トルコ側もほぼ同数の損害を被った）。この作戦の失敗により、チャーチルは海相の辞職を余儀なくされた。

〔意思疎通不十分なまま現場への過度の容喙《ようかい》〕

元英海兵隊大佐のグラハム・ダンロップ博士はその研究報告で、ガリポリ作戦の中心的な原動力はチャーチルだったとし、「政治と演説の才に疑いはない一方で、非現実的な計画を推し進め、不都合な細部の事実を軽率にも無視する傾向があった」と述べている。そして同博士は、英政府内には同作戦を西部戦線の膠着打開に不可欠とするチャーチルらと西部戦線への戦力集中論者との深刻な分裂があって、方針が揺れ動き、作戦目的が統一的に共有されず、軍事委員会の欠陥のある運営によってさらに悪化したと指摘する。同委員会はアスキス首相が議長を務め、主要閣僚と陸海軍統帥部が出席する閣内の戦争指導機関であった。ガリポリ作戦総括のために設置されたダーダネルス委員会は、1917年3月の報告書で、当時の軍事委員会の運営を稚拙かつ非能率的であったと批判している。

第一次大戦後、トルコ側が対英仏艦隊戦で砲弾の大半を消費していたことが明らかになり、作戦を続行すれば成功したとする見方もある。しかし、仮に艦隊が犠牲を顧みず海峡突破してイスタンブールを砲撃できたとしても、陸兵なしに占領することはできないし、半島を陸軍が掌握しないままでは艦隊への補給は困難である。ダーダネルス委員会の「当初から失敗に終わる恐れがあり、失敗の危険の方が勝利の見込みより大きかった」という見解は否定できないと思われる。

また、軍事委員会内で、艦隊による海峡突破を主張するチャーチルとそれを無謀視する海軍軍令部長フィッシャーや陸上兵力を出し渋る陸相キッチナーとの間に齟齬があったことから、首相がチャーチルに全権を委ねれば作戦は成功したはずとの見解もあり、チャーチル自身はそう信じていた。彼に全権を集中すれば戦争指導の能率は改善したと思うが、作戦目的の共有や作戦の慎重な検討が実現したとは考えにくい。慎重に検討すれば作戦に無理があることは明らかになっただろう。

陸軍将校出身のチャーチルは、軍事戦略家としての才能を自負していた。しかし、『危機の指導者チャーチル』（冨田浩司著、新潮選書）が指摘するように、彼の「戦闘の雌雄が天才的指揮官の直観的判断によって決する」という考え方は時代遅れであり、近代戦において現場への過度の容喙は判断を誤る原因である。他方、同書が指摘するように、大局的戦略の面では、西部戦線での消耗を避けるべきとのチャーチルの見解自体は正しかったと思う。

第二次大戦時チャーチルは、当初、軍事戦略面で前大戦時同様しばしば無謀な作戦を思いついて職業軍人たちを困らせた。しかし、米国参戦後、チャーチルによる現場への過度の容喙については、彼自身がその弊害をどこまで悟っていたかは疑問であるが、結果的に米軍との力関係で制御されることとなった。他方戦争指導面においては、彼はガリポリの教訓をしっかりと活かした。政治、外交、軍事、軍需など戦争指導に関わるあらゆる権限を自らに集中し、かつての軍事委員会の轍を踏まなかった。卓越した大局観の下に強力かつ能率的な戦争指導を行い、英国を救ったのである。

〔現代・将来のリーダーへの提言〕

さてチャーチルのガリポリの失敗の本質は何であろうか。悲惨な結末を招いた最大の原因は、チャーチルの自信過剰による強引さと性急さであったということだろう。後に戦時宰相として比類なき才能を発揮したチャーチルであるが、ガリポリに関しては、自らを天才的用兵者だと自負して専門家と十分な意思疎通をすることなく強引に事を運び、現場に過度の介入をして失敗した。

現代の組織においても、チャーチルに似たタイプのリーダーはいる。大局が見え、次々に斬新なアイディアを出し、強力に部下を指導引率して自らも猛烈に働く人だ。かかる得難き人材が、中央と現場との役割分担や、部下及び専門家との深度ある意思疎通の重要さを弁《わきま》えれば、すばらしい結果が残せるだろう。他方、自己過信から関係者と意思疎通不十分なまま強引に現場に介入すれば、よほどの幸運が続かない限り、いずれガリポリのような失敗を招くことは避けられないだろう。

有能で強力なリーダーの失敗は、現場への過剰介入や部下・専門家との意思不十分に起因することが少なくないと知るべきである。

参考文献：前掲書のほか、『ガリポリ１９１５年』（グラハム・ダンロップ博士研究報告、防衛研究所平成26年度戦争史研究国際フォーラム報告書収録）、『チャーチル　不屈のリーダーシップ』（ポール・ジョンソン著、山岡洋一他訳、日経ＢＰ社）、『ガリポリ』（アラン・ムーアヘッド著、小城正訳、フジ出版社）

25 第二次大戦時に大局観を欠いた日本陸軍

……陸軍はなぜ対米戦に主力を配置しなかったのか

〔満州・中国大陸中心の兵力配置〕

米国や英国では第二次大戦中の対日戦争を「World War II in the Pacific」、「The Pacific War」等と呼ぶ。他方、戦時中我が国は中国戦線を意識するとともに東亜新秩序建設という戦争目的を織り込んで「大東亜戦争」と呼称した。呼称はともかく、先の大戦で我が国の運命を決したのが、太平洋方面での対米戦であったことは疑いない。しかし当時の日本陸軍には、戦争後半それも終盤近くまで、太平洋が主戦場という認識が薄かったように思われる。

当時の日本陸軍の兵力配置を見てみよう。『日本的組織原理の功罪』（近代戦史研究会編、ＰＨＰ研究所）によれば、開戦後９か月経過した米軍ガダルカナル反攻時点（昭和17年＝１９４２年８月）で、当時の日本陸軍地上部隊61個師団中、太平洋の対米正面に配置されていたのは３個師団程度（その時点の全地上師団比約５％）であった。一方、満州・朝鮮には17個師団（同28％）、中国には27個師団（同44％）、対英国・オランダのビルマ（ミャンマー）・マレー・

スマトラなどに8個師団（同13%）が配置されていた。

日本軍が守勢に転ずる1943年1月のガダルカナル撤退直前の時点で、対米正面に配置されていたのは7個師団（同12%）であった。米軍がサイパン島に上陸し、日本海軍がマリアナ沖海戦で大敗して我が国が敗色濃厚になった1944年6月時点でも、対米正面配置は24個師団（同28%）にすぎなかった。日本の敗北が決定的となった同年10月のレイテ決戦の時点で39個師団（同40%）の配置であった。対米正面配置が全師団の過半となったのは終戦4か月前の45年4月の沖縄戦の時点であった（師団といっても、兵力、編成、装備、資質はさまざまであり、単純に師団数の比較で論ずることに無理はあるとしても、問題の大要は明らかであろう）。

他方で、1944年4月～45年2月に中国大陸で実施された大陸打通作戦（一号作戦等）には、19個師団及び7個旅団（計20数個師団相当）52万人が投入された。日本陸軍史上最大の作戦であった。

後知恵で言えば、日本陸軍は大局観を欠いていたということになる。開戦当初、太平洋方面に大軍を配置する必要は大きくなかったかもしれないが、翌1942年夏以降は、主戦場である太平洋方面に速やかに重点配備をすべきであった。戦争後半に中国大陸や満州等から太平洋戦線に転用された部隊の多くが、米軍の制空海権下での海上輸送の途中で空襲や潜水艦の襲撃で大損害を受けたこと、また太平洋の多くの戦場で兵力集中や陣地構築、食糧弾薬の集積が不十分なまま苦戦を強いられたことを考えると、日本陸軍の配置変更はあまりに遅く、かつ小出しに過ぎたと言えよう。

前掲書によれば、満州、中国、ビルマへの大兵力の配置については、ソ連の満州侵攻抑止、大陸からの戦略爆撃の阻止、蔣介石政権屈服による終戦の模索、対中軍需物資輸送ルートの遮断など、それぞれ相応の戦略意義はあった。しかし、結果において主戦場への戦力集中を欠く結果になった。部分最適にこだわり全体最適の意識に欠けたといわざるをえない。

前述の大陸打通作戦は、中国大陸内の米空軍基地覆滅及び中支から仏印への陸上交通路打通という作戦目的を達成し、中国軍に戦死傷75万人以上の損害を与えたとされる。しかし、日本本土は中国大陸からでなくマリアナ諸島から空襲され、一般国民と各種施設に多大の死傷と損害を被り、我が国継戦能力は致命打を受けた。また、大陸に陸上交通路は啓開したものの、そもそも敵制空権下での鉄道や自動車による物資輸送は困難であった。そして春秋の筆法をもってすれば、同作戦による中国軍の大損害は米・英を失望させ、ソ連への対日参戦要請を強めさせる結果になったともいえよう。

〔陸軍中枢が大局観を欠いた理由〕

当時陸軍参謀本部や陸軍省には、陸軍大学校優等卒業の俊英が集められていたが、その陸軍中枢にして大局観を欠いたのはなぜだろうか。

まず、戦前に陸軍は米国・米軍に関して極めて不十分な情報しか保有しておらず、作戦もほとんど研究していなかったことが挙げられよう。帝国国防方針では、日本の仮想敵国は米国、ソ連、英国、中国とされていたが、事実上、陸軍は専らソ連、海軍は専ら米国を仮想敵国として研究し、作戦を練り訓練を重ねていた。海軍は米国の情報を収集し分析していたが、その成果は陸軍に提供されなかったし、陸軍も関心を示さなかった。開戦後も、陸海両軍を統一的に統帥すべき大本営自体が、陸軍部と海軍部に分かれており、陸軍が海軍の保有する米国関係の情報を十分共有できる仕組みになっていなかった。

次いで、昭和前期に実際に生起した陸軍の戦闘の舞台が、満州事変、日中戦争、ノモンハン事件など、すべて満州を含む中国大陸であったことが挙げられよう。人間は、自ら関わった分野の情報には敏感であるが、そうでない情報は軽視しがちである。

また、満州や中国に配置されている部隊が多ければ、当該方面の重要性を訴える声が大きくなる。この多数派を説得することの困難さも影響したろう。

さらに言えば、海軍が「陸軍の主力を対米戦に振り向けてくれ」と言ってこない以上、重点方面転換という部内調整困難な課題を、陸軍として積極的に抱えこむ必要はないはずだという、ある種の潜在的事なかれ主義もあったではなかろうか。

〔大局観とは〕

以上挙げた4点、すなわち情報共有不十分、過去の経験によるバイアス、多数派意見への必要以上な配慮、潜在的事なかれ主義といった問題は、企業や官庁など現代の組織にも少なからず当てはまるのではなかろうか。

大局観とは囲碁将棋由来の概念であり、部分にとらわれずに全体的な形勢判断をする能力を指す。棋士は、盤上の彼我の石や駒の配置を基に形勢や敵の意図を読み、次の手を放つ。先入観や思い込みがあれば全体的判断を誤り、局地的に優勢となることがあっても結局は敗れる。まさしく部分最適を排して全体最適を目指さなければならない。

現実社会では、盤上に駒や石が明示されていないだけ、さらに判断は難しい。日本陸軍は、極めて不完全な情報の下に各種バイアスがかかった分析をした。そして、部分に捕らわれて全体的判断を誤った。現代の経済社会のリーダーたちもまた、情報が不十分な中で自らの大局観を頼りに、限られた経営資源をどこに投入すべきか見極めなければならない。大局観とは、詰まるところ、不十分な情報を健全かつ合理的な想像力で補った上で、各種バイアスを極力排除した分析をし、どこに重点を置くべきかを判断する能力と言い換えることができるかもしれない。

〔現代・将来のリーダーへの提言〕

本章では、日本陸軍の兵力配置を例に、大局観について述べた。ではどうすれば大局観を養えるのだろうか。幅広い教養、修羅場の経験、偉大なリーダーへの師事など色々あると思うが、日本陸軍の事例に即すれば、まず、自らの保有する情報は不完全であるという認識と、自らの情報分析には何らかのバイアスがかかっているという認識を持つことが最初の一歩であろう。その上で自らの判断を、多数意見や上司の意向等に迎合していないか、あるいは無意識のうちに潜在的困難を避けていないか、全体最適を志向しているかというような問題意識を持って、第三者的かつ批判的な観点から繰り返し検討することが重要だ。こうしたことの習慣化が、大局観を養う途の一つではないかと思う。

26　テミストクレスの活躍と追放

……偉大な戦略家にして人間的魅力を欠く

〔一人ペルシャの再寇を予見し、軍船建造を画策〕

マラソン競技が紀元前４９０年のマラトンの戦いに由来することはよく知られている。ペルシャ王ダレイオス１世がギリシャに派遣した大軍は、マラトンの平野でアテネ・プラタイア連合軍に敗れ去った。伝令はマラトンからアテネまで約40キロを駆け、「我勝てり」と告げて力尽きたと後世に伝えられる。

10年後、ダレイオス１世の子クセルクセス１世がギリシャに向け征旅を発した。その野望をサラミスの海戦で砕き、ギリシャ世界を守ったのが、アテネの政治家にして軍人のテミストクレスである。

当時ギリシャの軍事力の中心は楯と槍を持つ重装歩兵であった。アテネでは中産階級以上の上流市民が、平時は政治に参画し、戦時には武器を自弁して重装歩兵となった。これは上流市民の義務であるとともに権利とされていた。一方、無産階級の市民には参政権が制限されていたが、兵役や納税の義務はなかった。戦時に彼らの一部は志願して弓を持つ軽装歩兵となり、重装歩兵の支援や城壁守備の任に当たった。一部には志願して軍船を漕ぐ者もいた。

重装歩兵のファランクス（密集陣形）戦法でペルシャを破ったマラトンの勝利は、アテネの上流市民たちに誇りと自信を与え、結果として陸軍重視・海軍軽視の考え方が定着した（『テミストクレス』仲手川良雄著、中公叢書）。

皆がマラトンの勝利を喜ぶ中、テミストクレスはただ一人ペルシャの再寇を予見していた。彼は、ペルシャを退けるには強力な海軍を建設して海戦を制するしかないと考えた。『プルタルコス英雄伝』（ちくま学芸文庫）によれば、手始めに彼は、ラウレイオン銀鉱山の収入を財源に三段櫂船（櫂を上中下3段に並べた軍船）を多数建造することを民会に提案した。この銀収入は、本来市民に分配されるものであった。ペルシャの脅威を訴えても市民の賛同が得られないとみた彼は、他のポリスの海賊行為に対抗するためと騙《かた》って説得した。

次に、彼は市民を重装歩兵から海軍に転じさせようとした。前掲書『テミストクレス』は、次のように解説する。三段櫂船建造が百隻であればその要員は無産階級で足りるが、二百隻となると重装歩兵層も充当しなければ不足する。民会での説明において、テミストクレスは隻数を明らかにしなかったが、彼の目指すのは二百隻であった。アテネの大陸国家としての発展を目指す陸軍派のアリステイデスが、テミストクレスの意図を見抜いて反対した。

〔「正義の人」を追放〕

アリステイデスはマラトンの戦いで将軍として活躍し、公明正大な人柄で「正義の人」と称され、信望を集めていた。そこでテミストクレスは、アリステイデスが僭主（古代ギリシャで非合法に権力を得た独裁的支配者）になろうとしているという噂を流して、彼を陶片追放した。陶片追放とは、市民が僭主になる恐れのある者の名を陶片に記して投じ、得票数が6千票を超えると10年間の国外追放とする制度であった。

アリステイデスの追放について英雄伝の著者プルタルコスは、民衆が彼の名声に対する妬みを僭主支配の恐怖という名分で隠したものだと指摘する。アリステイデスが追放される時、無筆の者が本人と知らず彼に陶片を渡して、アリステイデスと代筆してくれと頼んだ。わけを尋ねると、「そんな男のことは知らないのだが、どこへ行っても『正義の人』と聞くので腹が立つのだ」と言った。アリステイデスは何も言わずに自分の名を書いてやったという。彼を追い払ったテミストクレスは、アテネの資源を海軍に集中した。後に、アリステイデスは帰国を許されると、旧怨にこだわることなくテミストクレスに協力してペルシャと戦った。

〔大胆な戦略を展開してサラミスの海戦で圧勝〕

紀元前480年、クセルクセス1世の遠征軍が海陸から迫ってきた時、以前からアテネ防衛は困難と判断していたテミストクレスは、アテネを一旦放棄して全戦闘員を船に乗せる大胆な構想を考え、その実行のためデルフォイの神託（注）を利用した。神託にはアテネ陥落が予言される一方、神は「木の砦」を授けるとし、「聖なる」サラミスが（何者かの）子らを滅ぼすであろうとあった。彼は、「木の砦」とは軍船であり、「聖なる」サラミスが滅ぼすのはペルシャだと主張して民会を制し、アテネを退去して壮年男子は軍船に乗り組み、非戦闘員は疎開させる旨決議させた。

アテネを主力とするギリシャ海軍は、初戦でペルシャの大艦隊と激戦の末引分けた。他方スパルタ王レオニダスの率いる陸軍は、テルモピュライの隘路でペルシャ軍を迎え撃った。雲霞の如き大軍を相手に、スパルタ兵を中核とするギリシャ軍は勇戦したが力尽き、レオニダス以下スパルタ兵は全員戦死した。

テルモピュライの敗戦後、ギリシャ艦隊はサラミス島に集結した。ペロポネソス半島の諸ポリスは同半島の地峡まで後退することを主張したが、テミストクレスは反対し、敵味方双方を偽情報で誘導してサラミス水道での決戦にこぎつけた。この海域では一定時刻に強風が吹く。甲板が高いペルシャ船は強風と高波に弱いが、甲板の低いギリシャ船は影響を受けにくい。彼が指揮するギリシャ艦隊は、地の利を活かして大勝利した。一方で彼は、遠征を断念して退却するペルシャ王に密使を送り、追撃しなかったのは自分の好意だと伝えて恩を売ることを忘れなかった。

〔才あって徳なし〕

ペルシャ戦争後テミストクレスは、名誉と権力を欲して謙虚の徳を欠いたため、信望を失ったという。プルタルコスによれば、海辺で検分したペルシャ兵の死体に腕輪や首飾りがあるのを見て、友人に、「くすねておきたまえ。君はテミストクレスでないのだから」と言ったという。謙虚でなくとも明るさや愛嬌で民衆に愛され支持を失わない指導者もいる。しかし、テミストクレスは愛される人柄ではなかったようだ。

やがて彼は陶片追放され、さらに反乱加担の嫌疑をかけられてペルシャに亡命した。王からイオニアに領地を与えられ、その地で没した。プルタルコスによれば、王からアテネ征討を命じられたため自殺したという。

前掲書は、テミストクレスを並ぶものなき戦略家と評する一方、指導者としての彼にはカリスマが欠けると指摘する。海軍の建設と海上決戦による対ペルシャ勝利という卓越した戦略目標を構想し、手段を択ばない目的合理的な行動によりこれを実現した。しかし、その偉大な業績にもかかわらず、危機が去ると権力の座から追われた。テミストクレスの人となりが、周囲がその人間力に帰依して心酔するというものでも、誰もが愛するというものでもなかったからだろう。

『プルタルコス英雄伝』（プルタルコス著、村上堅太郎編、ちくま学芸文庫）には、テミストクレスの父親が息子に、功名心に駆られて政治にかかわることのないよう説得したという話が紹介されている。父親は、海辺に打ち棄てられて顧みられない古い三段櫂船を指し示して、民衆は指導者に対しても、一旦御用済みとなると古船に対するのと同じ態度をとるものだと教え諭したという。父親は、息子に人間的魅力が欠けていることを見抜いていたのかもしれない。

〔現代・将来のリーダーへの提言〕

危機時のリーダーには、戦略家としての能力が求められるが、併せて人間的魅力がなければ、人は長く支えてくれない。偉大な戦略家テミストクレスの活躍と追放の逸話を読むとき、指導者の資質は全人格的なものだと痛感する。

さらに言えば、能力と人格だけでも不足かもしれない。「正義の人」アリステイデスでさえ陶片追放されたのだ。そもそも人間は指導者を評価するとき公正ではない。能力、業績や人格だけでなく、好悪の情や妬《ねた》み嫉《そね》み諸々の要素で判断する。後述するペリクレスのように四方八方に気を配っていかなければならないのは、指導者の宿命というものかもしれない。

（注）古代ギリシャ中部のデルフォイにはアポロン神殿があり、その神託は最も権威あるものとされ、多くのポリスが国家の指針を神託に求めた。

27　自制心の政治家ペリクレス

……アテネ民主政黄金期に第一人者による支配を続けたリーダー

〔民主主義の起源〕

21世紀もそろそろ四半世紀過ぎようとし、第二次世界大戦終結から80年近く経っている。しかし、世界大戦こそないものの世界各地の地域紛争が止むときはない。東西冷戦は終結したものの、国家体制として民主主義国家と権威主義国家が並立している。

民主主義国家にも、格差や分断あるいはポピュリズムなど様々な問題があると思う。しかし、ロシアのウクライナ侵攻や中国の香港民主派弾圧を見れば、民主主義国家と権威主義国家の比較の結論は自明なように思われる。「民主主義は最悪の政治形態といわれてきた。他に試みられたあらゆる形態を除けばの話だが」というチャーチルの言は、蓋し名言であろう。

法治主義の下に個人の自由が保障され、かつ広く国民の政治参加が行われている（注）という意味における民主主義国は、現在世界人口の三割を占めるに過ぎないという。残念なことであるが、民主主義の難しさを物語る。

さて民主主義の起源は、古代ギリシャのアテネの民主政にあるとされる。そのアテネ民主政の黄金期の政治指導者がペリクレスである。
前5世紀頃までのアテネでは中産階級以上の上流市民が、平時は政治に参画し、戦時には武器を自弁して重装歩兵となって戦う重装歩兵民主主義の政体であった。無産階級の市民には、兵役や納税の義務はなかったが、参政権が制限されていた。しかし、第二次ペルシャ戦争におけるサラミスの海戦（紀元前480年）の勝利以降、軍船の漕ぎ手として勝利に貢献した無産階級の市民の政治参加要求が大きくなっていった。既得権益を守りたい寡頭政派はそれを抑えようとするが、無産階級の側に立つ民主派が台頭する。その代表がペリクレスであった。

〔アテネ民主政の黄金時代〕

「プルタルコス英雄伝」（ちくま学芸文庫）によれば、ペリクレスはアテネの名家に生まれ、著名な哲学者アオクサゴラスに師事した。人柄は重々しく、めったに笑わず、演説も冷静で感情を交えない。立ち居振る舞いは穏やかで、人々を感服させる資質が備わっていた。ある時などは、手に負えない下劣な人間の一人に一日中罵られ悪口を言われ続けたが、アゴラ（市場）の中で黙ったままそれを忍び、急ぎの仕事を捌いた。夕方になって平生どおり家に帰るのを、その男は後から追ってあらゆる悪態を浴びせ掛けた。家に入ろうとした時にはすでに暗くなっていたので、ペリクレスは下僕の一人に灯を持たせ、その男を家まで送るように言いつけたという。

あまり庶民的とは言えないタイプだが、彼は無産階級の市民が支持する民主派に属し、アテネ民主政とアテネ市民の繁栄のために、その優れた政治力を発揮した。上流市民が独占するアレイオス・パゴス会議（古代ローマにおける元老院に類似する機関、議員は高官職経験者による終身制）から政治的実権を奪い、それを成人男子のアテネ市民すべてが参加できる民会（エクレシア）に与えた。貧民への観劇料の支給や、裁判等市民が籤引で担任する公務についての日当支給などにより、民衆の支持を得て民主化を徹底した。日当支給は、当時貧しい者は籤で公職に当選しても経済的理由から辞退することが多かったからである。

前443年以後ペリクレスは毎年連続して事実上の最高職である将軍（任期1年、定員10名）に選出され、ここにペリクレス時代が出現し、アテネ民主政はその最盛期を迎えた。

安全保障・外交面では、テミストクレス以来の強力な海軍を維持し、対ペルシャ防衛を目的に設立されたデロス同盟の盟主としてエーゲ海の諸ポリスの牛耳を執った。一方でエジプトやカルタゴへの遠征論等の無謀な拡張論は抑えて、アテネの勢力をギリシャの範囲にとどめる堅実な政策を採った。大国ペルシャとはカリアスの和約を結び、東方面の安全を確保した。強力な陸軍を持つスパルタに対しては、極力正面衝突を避け、スパルタの要路に政治資金を使って休戦条約を結ぶなど平和の維持に努め、通商国家アテネの発展の環境を整備した。

財政的には、デロス同盟に各ポリスが拠出する基金をデロス島からアテネに移し、アテナイと港湾の防御工事、海軍の維持・増強、パルテノン神殿等諸神殿の建築費用などに流用した。ペリクレスの時代こそまさしくアテネの黄金時代であった。

〔大衆の恐ろしさを知る政治家〕

ペリクレスは志高き孤高の人であり、理想と現実の絶妙なバランス感覚を持って、アテネ市民のためになると思えば強引なことも押し通す腕力も備えた大政治家であった。同時に、大衆の恐ろしさ、民心の薄情さを十分にわかっていた人物のように思われる。

プルタルコス英雄伝によれば、ペリクレスは若い頃、陶片追放にかけられるのを恐れて政治には関わらなかった。政治家になってからも、常に民主派の多数党に身をおくことに努めて、身の安全を図った。民衆を喜ばせるための競技会や祭典をデロス同盟の資金を使って盛んに開催して、移ろいやすい民意をつなぎとめた。民衆との距離感が近すぎて飽きられることを恐れ、間をおいて民衆に近づくようにし、国家の大事でないと乗り出さず、他の仕事は友人や他の雄弁家にやらせた。

大雄弁家であるにもかかわらず、演説については慎重を極め、登壇時は常にその時々の話題にそぐわない言葉がついうっかり出てこないよう神々に祈ったという。また、後日揚げ足を取られぬためであろう、提出した法案以外は何一つ書き物として残さなかった。(彼の演説は、プルタルコス以外の歴史家が記録したものがいくつか残っており、古代ギリシャ最高の雄弁家の名に恥じぬ見事なものと評されている。)

多くの王や独裁者を上回る権力を持ちながら、自分の財産を父が遺してくれたものから一切殖やさなかった。民衆には気前よく金銭を消費したが、自分の家族には切り詰めた暮らしをさせた。

しかし、偉大な功績を挙げ、その一方でこれほど身の安全に細かく気を遣っていたペリクレスであっても、一度民衆の怒りの矛先にかかると、忽ちにして弾劾を受けることは避けられなかった。

スパルタを盟主と仰ぐペロポネソス同盟とアテネ率いるデロス同盟との間でペロポネソス戦争が起きると、ペリクレスは、アッティカ半島に侵入してきた精強なスパルタの陸兵との決戦を避けてアテネ籠城策を取った。一方で、海軍を派遣して敵の本拠地であるペロポネソス半島を攻撃した。ペリクレスの戦略はうまくいくかに見えたが、折から城内に疫病が発生すると、政敵の扇動でペリクレスを批判する声が上がり始めた。ペリクレスは自身でさらに強力な艦隊を率いて出撃したが、さしたる成果が挙がらぬ内に、艦隊内にも疫病が蔓延した。市民の中には、彼に反対する勢力が多数を占めた。そして、彼は軍隊の指揮権を剝奪された上に罰金をも課されたのである。

ペリクレス解任後アテネ市民は、色々な指導者を使ってみたものの、うまくいかなかった。指導者としてペリクレスに匹敵する者はいないことを理解した市民たちが彼に対する忘恩を謝したので、ペリクレスは再び政務を担当することになり、将軍にも選ばれたが、やがて彼は疫病に仆れた（紀元前４２９年）。

ペリクレス死去以降、アテネは、刹那的な世論に迎合して無責任に好戦的な意見を吐く扇動家（デマゴーグ）たちの時代となる。衆愚政治はアテネを疲弊させただけでなく、デロス同盟内でのアテネの覇権的な行動によって同盟ポリスの離反を招くこととなった。ペロポネソス戦争はアテネの降伏によって終わる。

歴史家トゥキュディデスは『戦史』（ペロポネソス戦争の歴史）の中で、ペリクレスの政治を貴族的なものとし、「名目は民主政であるが、実際は第一人者による支配である」と評した。他方プルタルコスは、ペリクレスが「雷を轟かす」と評せられた雄勁な弁論と政治や軍事における実力から「オリュンピオス」（「オリュンポスの」という意味。オリュンポス山は、ゼウス以下十二神の居所とされる。）と仇名されたことについて、慈しみ深い性格と権力の座にありながら潔白に保たれた生き方とで、かかる仇名を得たのだと説いている。そして、一人支配、僭主支配と批判された彼の政治権力の大きさも、その時点で国を守る支えであったと擁護している。

いずれにしてもペリクレスは、その自制心と細心の配慮によって、ともすれば情緒に流されがちなアテネ民主政の下で、将軍職に十数年選ばれ続け、陶片追放にかかることなく「第一人者による支配」を続けることを得た。そして、国家の大事のためには市民を説得して厳しい政策も受け入れさせた。プルタルコスはペリクレスについて、威厳の中に節度があり、温和のうちにも尊厳さのある無二の人柄であったと称賛している。しかし、そんなペリクレスでも弾劾を免れなかったのだから、民主主義は難しいものである。冒頭のチャーチルの名言に思いを致さざるを得ない。

〔現代・将来のリーダーへの提言〕

政治や行政に身を置く者にとってペリクレスの生涯は多くを教えてくれるが、企業人・経済人にとっても学ぶところは多いと思う。

多くの日本企業のように、転職による構成員の出入りが少ないメンバーシップ型で、トップがオーナー社長でない、すなわちサラリーマン社長であって、一定規模以上の組織を想定しよう。大組織であれば、すべての構成員がリーダーに日々直接会って肉声で命を受けたり会話したりするのではなく、多くの構成員は中間管理者を介して指示を受けたり、文書でその考えを知ることになる。リーダーがいかに有能かつ人間性優れた人物であっても、直接にそれを知る機会が少なければ、少なからぬ人は、彼に対し嫉妬の念や煙たく思う気持ちを抱きがちなものである。そういう中で、リーダーが自らの志を実現するため長きにわたり指導的地位を維持しようとすれば、単純化していえば、ペリクレスのように常に堅固な自制心を保持し細心の気配りを継続して反感や妬みを買わないように努め続けるか、個人崇拝的な社内文化を作って自分への反感を、言葉は悪いが、なかば強権的に抑えるほかない。

ペリクレス流は、よほどの人でなければ長期に続けることは難しいだろう。とすれば、上述のような組織でリーダーの在任が長期に及ぶ場合は、リーダー本人が意識しているかどうかは別として、程度の差はあれ反感抑え込み方式に依るところが大きいということになる。それを組織の構成員が強権的と感ずれば、組織内の心理的安全性が確保できず、次第に組織の生産性が低下してしまうことは免れ得ない。加えて、SNSが一般化している今日、強権的とみられかねない手法をとれば、社会的批判を浴び炎上する危険がある。他方で、どういうやり方であれ、有能なリーダーの在任のメリットも大きいので、このあたりをどう考えるべきか難しい。

一つの現実的な解としては、極力ペリクレス的自制心を維持しつつ、長期政権の疲れや

緩みから自制心がほどけてしまう前に退任することが考えられよう。志の実現については、よき後継者を早く育てて、次のリーダーに受け継いでもらうということである。

（注）ペリクレスは有名な戦没者葬送演説の中で、アテネ民主政について、「少数者の独占を排し多数者の公平を守ることを旨として、民主政治と呼ばれる。わが国においては、個人間に紛争が生ずれば、法律の定めによってすべての人に平等な発言が認められる。だが一個人が才能の秀でていることが世にわかれば、無差別なる平等の理を排し世人の認めるその人の能力に応じて、公の高い地位を授けられる。またたとえ貧窮に身を起そうとも、ポリスに益をなす力をもつ人ならば、貧しさゆえに道をとざされることはない。われらはあくまでも自由に公につくす道をもち、また日々互いに猜疑の眼を恐れることなく自由な生活を享受している。」と述べ、広範囲な市民の政治参加、法治主義、自由の保障を民主政の要件と定義している。これは、今日においてもそのまま通用するだろう。なお、アテネ民主政については、成年男子による直接民主制であったこと、当時のポリス社会は奴隷制に依存していたことに留意が必要であろう。

参考文献：前掲書の他、『プルターク英雄伝』（河野与一訳、岩波文庫）

28　犬養毅と鳩山一郎（その1）

……護憲の旗手や友愛政治家が仕掛けた統帥権論争

〔濱口内閣とロンドン海軍軍縮条約〕

１９２９年７月、陸軍出身の立憲政友会総裁田中義一首相は、前年関東軍の河本大作高級参謀等が起こしたといわれる張作霖爆殺事件の処理を巡って昭和天皇の信認を失い、内閣総辞職した。次期首班には、元老西園寺公望から、憲政の常道として野党第一党の立憲民政党総裁濱口雄幸が推薦され、濱口内閣が成立した。

野党に転落した政友会は、党勢下降の中で田中総裁が急死すると、後継を巡って鈴木喜三郎派と床次竹次郎派が対立した。両派の妥協により、かつての護憲運動の立役者で政界の長老格の犬養毅が担がれて総裁となった。

濱口内閣は30年１月衆議院を解散し、２月の総選挙で民政党は大勝した。４月の第58回帝国議会では、野党政友会犬養毅総裁及び鳩山一郎総務が衆議院本会議で質問に立ち、政府が海軍統帥部の長である軍令部長の反対意見を無視してロンドン海軍軍縮条約を締結したのは問題だと、濱口内閣を攻撃した。所謂統帥権干犯問題の端緒である。後述するように、これは議会が軍に対する制御手段を自ら放棄するに等しいものであった。

言うまでもなく、犬養は尾崎行雄とともに「憲政の神様」と称せられた政党政治家である。統帥権干犯の主張が政党政治を自ら壊すものであることを、その時点で犬養がどこまで自覚していたのか、今となってはわからない。しかし五・一五事件（１９３２年）で犬養首相を官邸に襲って殺害したのは、ロンドン軍縮を不満とし、統帥権干犯を憤る海軍の青年将校であった。犬養内閣が戦前最後の政党内閣となった。

鳩山は、１９３３年文相時に、京大法学部の滝川幸辰《ゆきとき》教授をその著書の内容が赤化思想であるとして罷免する滝川事件を起こしているように、元来国粋的右翼的政治家であった。しかし、戦時中は東條体制に抵抗して、翼賛選挙に大政翼賛会非推薦で出馬して当選するなど軍部に対して一定の気骨を示している。戦後すぐに日本自由党を結成し、１９４６年の総選挙では同党が第一党になり、鳩山総裁は首相就任を目前にした。しかし、統帥権干犯問題などを理由にＧＨＱから公職追放処分を受け、吉田茂に首相の座を譲らざるを得なくなった。その後１９５４年に総理大臣に就任して「友愛精神」を謳うとともに日ソ国交を回復した。

話を濱口内閣に戻すと、同内閣の2大課題は、金解禁とロンドン海軍軍縮会議への対応であった。金解禁は、30年1月に実施された。選挙の時点でその影響はまだ深刻ではなかったが、

29年10月の大恐慌の影響もあり、金解禁に伴うデフレ政策の影響は次第に深刻化し、やがて大不況を迎えるのである。

後者については、30年1月のロンドン海軍軍縮会議に若槻礼次郎元首相を首席全権、財部《たからべ》彪《たけし》海相を全権として派遣し、海相事務代理は濱口首相が兼任した。同会議に先立って政府は、①補助艦の総括比率は対米7割、②大型巡洋艦の保有量は対米7割、③潜水艦は現有勢力維持（保有量7万8千トン）の3大原則を定めていたが、30年3月ロンドンの全権から連名で、日本の対米比率を総括6・975割、大型巡洋艦6・02割、軽巡洋艦・駆逐艦7・03割、潜水艦対等（5万2700トン）などとする日米妥協案でまとめたいとの請訓が届いた。海軍内で、軍令部は加藤寛治軍令部長以下3原則の譲歩は不可とする立場だったが、海軍省の山梨勝之進次官、堀悌吉軍務局長等は国家大局上受諾やむなしの意見だった。政府は4月1日の閣議で上記案での条約締結の回訓を決定した。翌2日加藤軍令部長は、日米妥協案では海軍作戦上欠陥を生ずるため慎重審議を要する旨の上奏をしたが、政府は4月20日回訓し、22日条約は調印された。

〔政友会は政治的動機から統帥権を拡大解釈〕

議会特別会が開会されると、上述のように政友会は、政府が軍令部長の反対意見を無視して条約を締結したのは統帥権に照らして問題だと政府を攻撃した。衆議院本会議で犬養毅は、「首相、外相は軍縮条約の線で国防上の危険はないと言うが、国防用兵の責任者たる海軍軍令部長がこの兵力では国防はできないと反対しており、国民は安心できない」旨批判した。鳩山一郎は、「用兵のみならず兵力量の決定も統帥事項であり、その輔弼機関は軍令部であって政府ではなく、政府が軍令部の反対を無視して条約締結によって国防計画に変更を加えたのは乱暴である」との論旨で論難した。

大日本帝国憲法第11条は「天皇ハ陸海軍ヲ統帥ス」、第12条は「天皇ハ陸海軍ノ編制及常備兵額ヲ定ム」と規定する。軍の作戦や用兵は第11条の統帥事項であり、第55条第1項が「國務各大臣ハ天皇ヲ輔弼シ其ノ責ニ任ス」と規定する国務大臣の輔弼の対象外とされ、海軍軍令部長（陸軍は参謀総長）が天皇を輔翼（輔弼と同義）するものとされた。一方、兵力量の決定は統帥事項ではなく編制事項（第12条）とされ、海相（陸相）が輔弼するものとされてきた。政友会側は兵力量の決定も統帥権に属すとし、政府が海軍軍令部の承認を得ずに条約で兵力量を決定することは統帥権の独立を犯すと、政府を攻撃したのである。

鳩山は、海軍軍令部条例に「海軍軍令部長ハ…用兵国防ニ関スル事ニ参画ヲシテ」と規定され、「用兵」と「国防」に規定上区別がないことを根拠に、「用兵ト国防ノ計画ヲ立テルト云フコト」は統帥権であるとし、兵力量の決定も国防計画の変更になるのだから統帥事項だと立論した。従ってその輔弼機関は軍令部長であり、輔弼機関でない国務大臣（＝内閣）が軍令部の意見を蹂躙することは乱暴だと主張したのである。

しかし、学問的な憲法解釈論としてはともかく、兵力量の決定は予算と表裏一体のものであり、軍縮条約の交渉は外交問題でもある。憲法第12条の編制権として内閣の輔弼責任の下に行われると解するのが現実的であり、従来も事実上そのような運用が行われてきた。それを政友会は、政治的動機から統帥権を拡大解釈したのである。この政友会による政府攻撃以前は、軍令部など海軍内の条約反対派も、反対の理由は兵力量不足であって統帥権独立ではなかった。しかしこれ以降、加藤軍令部長等は主張を転換して「兵力量問題は末である。統帥権の問題が大事である」と主張するようになった。やがて統帥権は政党政治に対する軍部の強力な牽制手段となる。

参考文献：『日本近代史』（坂野潤治著、ちくま新書）、『日本海軍史』（外山三郎著、吉川弘文館）

29　犬養毅と鳩山一郎（その2）

……統帥権論争が教えるもの

〔濱口首相は憲法解釈論争への深入りを避けたが…〕

前章で、野党立憲政友会犬養毅総裁及び鳩山一郎総務が濱口雄幸内閣に対して、海軍軍令部の反対を無視してロンドン海軍軍縮条約締結をしたのは統帥権に照らして問題だと論難したことを述べた。

これに対して政府側は、「統帥権は何等犯していない。軍令部の意見は十分斟酌した。議会に対する国防上の責任は政府が負う」というスタンスで、与党の多数議席の下、議会を乗り切った。条約批准に先立つ海軍軍事参議官会議や枢密院の審議も、宮中や元老西園寺公望の支持を背景に押し切り、10月に条約批准にこぎつけた。

濱口首相は議会答弁に当たり、「軍令部の意見無視という政友会の主張の前提となる事実がない以上、それに基づく憲法論に答弁する必要なし」という「すれちがい」方式をとった。これは、論理的にはともかく政治的には極めて賢明な対応であった。内閣としては、海軍軍縮条約を批准できればいいのであって、一歩間違えれば命取りになる憲法解釈論争に深入りすることは得策でないし、必要以上に海軍を刺激することは望むところではなかった。

しかし、濱口が回避に努めた二大政党間の憲法解釈論争は、憲法学者美濃部達吉が立憲民政党側に立って参戦したことにより、白熱した。坂野潤治著『日本近代史』（ちくま新書）によれば、美濃部は国防に関する海軍軍令部の権能について、「ただ国防計画に関し軍部限りの立案をなすことに存する。（中略）言わば技師の立てた設計に類するもので、国家に対しては唯一つの参考案たるに止まる。」（1930年4月21日「帝国大学新聞」）と主張した。同書の指摘するように、学術研究ならばともかく、新聞紙上でこういう言い方をされたのでは、強硬派でない一般の海軍軍人も不快の念を抱いたであろう。

さらに同書によれば、美濃部の海軍挑発の極めつきは、陸海軍大臣文官制の提唱である。彼は雑誌「改造」同年6月号で、「政府をして真に独立の政治上の見地から、軍部の意見に拘らず兵力量を定め得べからしむるには、軍部大臣の武官制を撤廃するより外途は無い。」と述べた。同書は、大型巡洋艦の対米6割を飲まされた上に、（専ら兵力量を政府が決める目的で）軍部大臣文官制を迫られたら、海軍青年将校が激怒するのも当然であると指摘している。美濃部の所説は、現代から見れば民主主義理論として正しいのであるが、この時点での一連の彼の発言は、現実において政党政治の足を引っ張ったという見方もできよう。

濱口内閣が望んだことではなかったが、こうした中で青年将校や民間右翼の間には、政府や政党に対する反感が高まっていった。彼らの目には、財閥が牛耳る政府や政党が、統帥部の権限を縮小し軍部大臣を文官にすることによって、天皇から統帥権を奪おうとしているという図式に見えたのである。統帥権「干犯《かんぱん》」という北一輝発案の名文句が、こうした危険な認識の醸成を加速した。

11月濱口首相は愛国社社員の佐郷屋留雄に銃撃された。佐郷屋は供述で、統帥権干犯を襲撃理由に挙げたが、統帥権干犯の意味を説明できなかったという。濱口は翌年4月総辞職して8月死去した。

濱口内閣の後は、第二次若槻禮次郎内閣が襲った。折からの金解禁と緊縮財政による大不況下、9月には満洲事変が発生し、若槻は不拡大方針を採ったが、軍部を抑えることができなかった。結局政友会との連携を巡る閣内不一致により、12月内閣総辞職となり、政友会の犬養内閣となった。同内閣はただちに金輸出再禁止を断行し、デフレ政策をインフレ政策に転換して一定の成果を収めた。軍部に対しては基本的に妥協的であったが、満州国承認には慎重であった。

犬養内閣は、1932年の五・一五事件で首相が殺害されて崩壊した。次期首班の大命は、軍部の意向と世論を考慮した結果、退役海軍大将の斎藤実に降下した。政党から閣僚が入ったとはいえ首班は退役軍人であり、ここに戦前の政党内閣制は歴史を閉じたのである。統帥権を巡る議論は、二・二六事件後復活した軍部大臣現役武官制と相俟って、政府や議会による軍部への統制を弱め、結果として我が国を軍部主導の体制へ導くこととなった。

〔リーダーが負うべきは結果責任〕

以上、政友会の統帥権に絡めた政府攻撃について批判的に述べてきたが、政友会の側からすれば、金解禁を停止して国民を不景気から救うという目的のためには民政党内閣を倒す必要があり、そのために軍縮条約問題を持ち出して何が悪いという反論があろう。また、犬養にしてみれば、「統帥権を強調することの悪影響を考慮したからこそ、統帥権干犯とは言わずに、国防に不安ありと言ったのだ」という思いだったかもしれない。鳩山にしても、「憲法・法令の文理上、兵力量の決定にかかわる輔弼機関は統帥部だ」、「統帥部の反対を無視して条約締結によって国防計画に変更を加えたのは乱暴だ。もっと議論を尽くせ」と言っただけで、「兵力量の決定や軍縮条約締結に政府や議会が口を出すなと言ったわけではない」という言い分はあろう。

しかしながら、言動が発言者・行為者の意図を離れて思いもよらぬ意味を帯び、予期せぬ反応や結果を招くのが、政治というものである。統帥権の拡大解釈の代償はあまりにも大きかった。

〔統帥権論争に何を学ぶか〕

さて本件の、現代の経済社会に生きる我々へのインプリケーション（含意）は何か。

まず、近視眼的思考のリスクを知れということであろう。目先の利害得失や当面の目的にとらわれて大局を見失ってはならない。政友会は、目先の政府攻撃のために、議会政治を弱体化してしまった。一方、足元もよく見ておかないと危ない。濱口の深慮を知ってか知らでか、結果的に海軍や右翼を必要以上に刺激してしまった。美濃部達吉は、天皇機関説の立場からの彼の考え方自体は評価されるべきものだが、タイミングや言い方についての考慮が不十分であった。先にも引いたが、論語には「人として遠き慮り無ければ、必ず近き憂い有り」とある。また、政友会については、少し視点を変えて現代の経営論風に言えば、組織のパーパスを忘れてしまったという言い方ができるかもしれない。

もう一つ、国家であれ企業であれ、リーダーが負うべきは結果責任であることを銘記すべきということだろう。犬養にせよ、鳩山にせよ、統帥権を絶対化しようとしたわけではなかっただろうが、彼らの軍縮条約を巡る質疑は、結果として軍部を制御することを困難化した。要職にある者の言動は、意図から離れて独り歩きすることがある。独り歩きであっても、その責任は負わなければならない。結果責任なのである。

〔現代・将来のリーダーへの提言〕

政治にしてもビジネスにしても、現実論として、当面の選挙結果や当該年度の業績や決算の数字に注目せざるを得ないし、こだわらざるを得ない。しかし、目先の利害にとらわれて大局を見失うと、かつての政友会の轍を踏む。事業であれば、将来に向けての投資やビジネスモデルの転換のタイミングを失してしまう。当面の現実的利害と中長期的・大局的な観点とのバランスが難しいが、前者については、常時目に入るし耳にも入る。とすれば、リーダーとしては、七分三分ぐらいの兼ね合いで「遠き慮《おもんぱか》り」の方を意識するのがよいように思う。

気をつけなければならないのは、「遠き慮り」とは自らの信条や将来構想に照らして後から後悔することにならないように、突き詰めて思考することであり、単に「正論だから」、「未来志向だから」程度のものではないということだ。「正論だ」、「未来志向だ」と言って浅いところで思考停止してしまうと、今度は足元の危険を見過ごすおそれがある。勿論、理非曲直は弁《わきま》えねばならない。譲れないところは譲れないが、近道に危険があれば遠く迂回することも必要である。

犬養や鳩山には、議会人としての信条に照らして将来後悔することがないか思慮してほしかったし、美濃部には足元のリスクも視野に入れて総合判断してほしかった。

30　桑弘羊《そうくよう》の財政政策と塩鉄会議

……紀元前の経済政策論争

〔桑弘羊の財政政策〕

紀元前１４１年に16歳で漢の皇帝に即位した武帝は、54年に及ぶ在位中に武威を四方に輝かせた。武帝自身が親征したことはなかったが、対匈奴戦をはじめとする大規模な度重なる外征は、国威を発揚するとともに国防上のリスクを低減した。一方で外征と防衛の莫大な費用は、文帝・景帝の二代にわたって充実が図られた国家財政を一気に窮乏させた。新たな財源を確保して財政を立て直すことが急務となった中で登場したのが、桑弘羊《そうくよう》ら法家思想の財務官僚たちである。彼らによって塩鉄専売制、均輸・平準法（注1）、告緡令《こくびん》（告発奨励制度）による財産課税の強化などの財政政策が進められた。また、官職や官位を、金を納めた者に与える売官・売位や、金を取って罪を許す贖罪なども増収策として行われた。

国家による塩鉄専売制（後に、酒にも専売制導入）が、従来製鉄業や製塩業を営み巨利を得ていた地方の豪族の反発を招いたのは当然であるが、均輸法と平準法についても、政府が商品の買い付けや運搬を行い物価の統制を図るものであるから、大規模な商業を営んでいた地方の豪族層の利潤を減少させるものであった。財産課税の強化も、緡銭すなわち蓄蔵貨幣に対する重課税であったから、主として中規模以上の商工業者に対する課税であった。かくて実務的な法術官僚たちによる財政政策の下で、地方豪族や商工業者の不満が高まっていた。

〔塩鉄会議〕

武帝の治世ではこうした不満は抑えられていたが、その死後、地方豪族や商工業者の支持を受けた反桑弘羊派が、桑弘羊たちに一大論戦を挑むことになる。武帝の次の昭帝の代、紀元前81年、詔勅によりいわゆる塩鉄会議が開催された。各地方から「賢良」、「文学」と称する民間有識者60余名が長安に招集され、塩鉄専売制など新財政政策を存続すべきかどうかについて、丞相車千秋《しゃせんしゅう》、御史大夫（副丞相）桑弘羊ら有司（政府高官）との間で激しい論戦が戦われた。桑弘羊は洛陽の商人の子であったが、数字に明るく、わずか13歳で武帝の侍中（漢代には皇帝の側近に侍する官）となった。武帝時代以来の新財政政策の立案施行者であり、当時の行財政の事実上の最高責任者であった。

賢良たちは、「民間の疾苦するところ」を諮問されたのに対し、塩鉄専売など政府自ら民と利を争うことは道徳的に正しくなく、民心を卑しくして本業（農業）から末業（商工業）に赴かせるものであり、かかる政策は廃止すべきと主張した。すなわち儒家思想による農本主義を標榜するものであった。同時に彼らの専売廃止論は、専売制によって製塩・製鉄の利益を失った地方豪族・商工業者の利害を反映したものでもあった。賢良・文学の出自も地方豪族層であったろうし、地方豪族は、族的結合や家族倫理などの面からも儒学と親和的であったと思われる。

これに対し、桑弘羊らは官僚らしい現実主義に立ち、現在政府のなすべきことは匈奴など外敵の侵入を防ぐことであって、辺境防備のための重要な財源である専売制を廃止することなど考えられないと反論した。そして、賢良・文学は尚古思想による理念主義を主張するだけで、当面の国の課題に具体的提案がないと批判した。

しかし、賢良・文学は車千秋、桑弘羊ら政府高官を畏れることもなく、専売制は政府が民間と利を争うものであり思想的に不適当である、官の製品は画一的であり非効率である、そもそも匈奴に対しては徳によって治めるべきで武力を使うべきではないなどと、執拗に論難した。

〔大司馬大将軍霍光《かくこう》〕

一介の書生に過ぎない賢良たちが廟堂で時の権力者を激怒させるような発言を重ねることができた事情として、彼らの背後に、桑弘羊をしのぐ実力者である大司馬大将軍霍光の存在を指摘する学説が多い。霍光は皇帝の外戚（母方の親戚）であり、匈奴討伐で大功をたてた驃騎《ひょうき》将軍霍去病《かくきょへい》の異母弟であった。対匈奴戦の主将であった大司馬大将軍衛青は彼らの叔父であり、また武帝の寵姫衛子夫（後の衛皇后）は叔母であった。霍光が併任した大司馬も大将軍も軍職であるが、本来彼は皇帝の側近として引き立てられた文官である。彼は、尚書（上奏を皇帝に取り次ぐ役）を兼ねて、内朝（丞相府、御史府など国の行政機構である外朝に対して、皇帝・帝室の私的な面を司る機構を総称）を統率していた。

塩鉄会議の論争の結果は、酒専売制の廃止だけに終わった。論争自体は経済、財政、国防、思想など幾多の論点を含むものであったが、結局は政府側に、賢良・文学の主張は国防などの国策に対する理解力がなく専売制の不便を言ったに過ぎないものと片付けられた。地方豪族の期待も内朝勢力の支援も、老練な財務官僚の桑弘羊を圧倒することはできなかったのである。

しかし、会議の翌年、内朝内で皇帝側近として権力を二分していた霍光と軍人出身の上官桀《じょうかんけつ》の対立が生じた。かねて霍光による外朝への介入に反発していた桑弘羊は、後者に与した（注2）。しかし、上官桀が仕掛けた昭帝の異母兄燕王劉旦名で霍光を弾劾する上奏は昭帝に容れられず、クーデターは失敗した。燕王は自殺し、上官桀、桑弘羊らは誅殺された。なお、桑弘羊の財政政策は、霍光が政権を掌握した後も、深刻な財政状況にかんがみてか、酒専売の他はそのまま維持された。

〔皇帝側近勢力対実務官僚機構の図式〕

この一連の経緯を、内朝対外朝すなわち皇帝側近勢力対実務官僚機構という図式だけでとらえることに無理はあろうが、あえて単純化して言えば、この時期皇帝の権力が専制的な方向に強化される過程で、内朝・外朝間の均衡が皇帝の側近勢力である内朝側に傾いてきたということは言えよう。誤解を恐れずさらに単純化して言えば、内朝側は縁戚関係など皇帝との個人的な結合に基礎を置くのに対し、外朝側は法制度を重視する。従って前者は、時の政権の求心力増大を最優先するので、民心の動向に敏感であり、恤民《じゅつみん》（民をあわれみめぐむ）政策を志向する。これに対し、後者は制度の安定性・永続性を重視するので、不人気な政策を政権に背負わせることもいとわない。悪く言えば、内朝の側は目先の人気取りに走って制度の将来的な安定を損ないがちであり、他方外朝の実務官僚たちは、法理の厳格な執行に励む結果、酷吏の批判を招き、さらには社会に不満がたまりやすいということであろうか。二千年以上も前の塩鉄会議であるが、現代に生きる我々にも考えさせるところ大きい。

〔現代・将来のリーダーへの提言〕

側近対官僚機構的な図式に似たものは、企業など現代の組織にも見られるように思う。側近はトップの求心力の観点から世間的評価につながる斬新な成長戦略発表や財界活動での大胆な発言などを重要視する一方、組織内の官僚機構は組織の持続可能性の観点から堅実・安定的な施策やトップの本業専念の方向性を選びたがるだろう。勿論どちらが正しいかは一概には言えない。外部環境や組織の経営資源の状況を踏まえながら、対外的評価重視か安定性重視かの最適な均衡を図ること、さらに言えば側近と官僚機構の考え方のバランスをとることがリーダーの責任であろう。

（注1） 均輸法は、地方に設置した均輸官という官吏が、その地方で余っている商品の購入と中央政府へ輸送を行い、中央政府はその商品が不足している地方に売却して利益を上げる仕組み。平準法は、ある商品の価格が低下したときには中央政府が商品を購入することで価格を引上げ、逆に価格が高騰した時には中央政府が買い付けていた商品を売って価格を下げる仕組み。いずれも物価の安定を目的としつつ、同時に国営物資流通事業により財政収入確保を図るものであった。

（注2） 漢書の車千秋列伝及び霍光列伝には、桑弘羊は財政面における功労に誇り、子弟のために官職を得ようとして霍光に拒まれたのを怨み、謀反に与したとある。

参考文献：『中国の歴史第2巻　秦漢帝国』（西嶋定生著、講談社）、『塩鉄論　漢代の経済論争』（桓寛著、佐藤武敏訳注、平凡社東洋文庫）、『漢帝国―400年の興亡』（渡邉義浩著、中公新書）、『漢書列伝選』（班固著、三木克己訳、筑摩叢書）

あとがき

本書は、全国信用金庫協会発行の月刊誌『信用金庫』に「リーダーのための決断のヒント」という題で連載した拙稿を加筆修正し、編集したものです。本書が世に出ることを得ましたのは、産経新聞出版の赤堀正卓氏、同山下徹氏、サンケイ総合印刷の古川光行氏、全国信用金庫協会及び信金中央金庫の広報関係者はじめ多くの方々のご支援とご尽力のおかげです。右記連載中は、多くの信用金庫関係者に激励をいただきました。作家の北康利氏には多くの有益な助言をいただきました。皆様に心から感謝いたします。

参考文献については、文中または各章末に記載しましたが、そのほか全章を通じて左記も参考にしました。

『世界の歴史 全16巻』（中公文庫）、『日本の歴史 全26巻』（中公文庫）

＊ 本書を一読された方は、取り上げた事例に第二次大戦中の日本陸海軍に関するものが多いと感じられたかもしれません。私のように歴史の専門知識のない者が歴史に題材をとって何か書こうとするときに一番

苦労するのは、歴史的事実の確認です。近所の図書館で借りることができる専門書は限られています。その点、第二次大戦中の日本陸海軍に関しては、防衛庁防衛研修所戦史室（当時）が編纂した公刊戦史『戦史叢書』が防衛省防衛研究所ホームページで公表されているので、大変助かります。そのようなこともあって、題材が偏っている面があります。

中原 広（なかはら・ひろし）

【主な経歴】
1981年 3月　東京大学法学部卒業
1981年 4月　大蔵省入省
（金融庁監督局参事官、財務省大臣官房政策金融課長、同総合政策課長、同文書課長、主計局次長などを経て）
2013年 6月　財務総合政策研究所長・会計センター所長
2014年 7月　理財局長
2015年 7月　国税庁長官
2016年 6月　退官
10月　信金中央金庫入庫
（顧問、専務理事などを経て）
2022年 6月　信金中央金庫代表理事副理事長（現職）
(2017年 6月～2022年6月　㈱シグマクシスホールディングス社外取締役)
(2018年 3月～現在　公益財団法人教育資金融資保証基金理事)
(2019年 6月～2022年6月　㈱エポック社社外取締役)
(2019年 6月～現在　公益財団法人日本法制学会評議員)
(2021年 6月～現在　一般財団法人民間都市開発推進機構監事)
(2021年12月～現在　公益財団法人アジア刑政財団理事)

【著書】
『週末料理家になろう 私の週末Ｂ級料理日記』筆名：大饗膳蔵　恵友社　2000.8
『霞が関料理日記 随筆と料理レシピ』筆名：大饗膳蔵　恵友社　2006.7
『新・霞が関料理日記 随筆と料理レシピ』筆名：大饗膳蔵　恵友社　2010.6
『元国税庁長官の俗物的料理日記　―食欲とぼやきと蘊蓄と時々慨嘆の日々』霞出版　2023.4.3

管理職が持つべき決断力
戦史の「韻」をつかめ

2024年4月17日　第1刷発行

著　　者　中原 広
発 行 者　赤堀正卓
発 行 所　株式会社産経新聞出版
〒100-8077 東京都千代田区大手町1-7-2 産経新聞社8階
電話　03-3242-9930　FAX　03-3243-0573
印刷·製本　サンケイ総合印刷株式会社

ISBN978-4-86306-175-0 C0034
